Sigismond, au comble de la ....
ses imprécations menacent ... ... (vers 1 556).

Rosaure et Clarín implorent la pitié. Clothalde ordonne qu'on les désarme. Rosaure lui remet son épée en déclarant que son voyage de Moscovie en Pologne a pour objet de laver une offense d'honneur. Clothalde est saisi d'un grand trouble ; il vient de reconnaître l'épée qu'il avait lui-même remise en gage à une femme, Violante, afin que celui qui la porterait puisse se faire reconnaître comme son enfant ; il comprend donc que Rosaure — qu'il prend pour un homme — est son fils. En proie à des émotions violentes et contradictoires, puisqu'il a l'ordre de mettre à mort tout visiteur intempestif, Clothalde décide d'aller présenter ses prisonniers au roi afin d'obtenir de lui une décision sur leur sort. — Au Palais Royal de la Cour de Pologne : Astolphe, duc de Moscovie, accueille sa cousine Etoile par un assaut de compliments galants. Neveu et nièce du roi Basyle — lequel est veuf et, croit-on, sans héritier —, ils aspirent tous deux au trône de Pologne. Pour mettre un terme heureux à leur rivalité. Astolphe offre à Etoile de l'épouser ; mais le portrait qu'Etoile aperçoit pendu au cou d'Astolphe la met en garde sur sa sincérité. L'arrivée du Roi interrompt l'entretien (vers 339-579).

Dans un long discours le roi Basyle explique à ses neveux et à la Cour de Pologne comment, instruit par les astres à l'étude desquels il s'adonne avec prédilection, il fut conduit jadis à prendre une funeste décision restée jusqu'alors ignorée de tous : de son épouse Clorilène il eut un fils, Sigismond, dont la naissance coûta la vie à sa mère. Les présages, les signes funestes, les malheurs qui accompagnèrent cette naissance confirmèrent au Roi que son fils deviendrait, selon son horoscope, un tyran cruel qui irait jusqu'à humilier son père. Ayant fait déclarer que son héritier était mort en naissant, le Roi l'a tenu depuis lors enfermé dans une tour, chargeant un gouverneur, Clothalde, de son éducation. Regrettant cependant la violence exercée contre la liberté de son fils, le Roi, obligé par son grand âge à penser à un successeur, a décidé de le faire monter sur le trône en lui confiant le pouvoir, mais sans lui faire savoir cependant qu'il est le légitime Prince du Royaume. La conduite de Sigismond durant cette expérience, qui aura lieu dès le lendemain, décidera de son sort ; s'il déjoue les présages, il gardera le trône ; sinon, il sera rendu à sa prison, tandis que Astolphe et Etoile, unis par le mariage, deviendront souverains du royaume. Astolphe et l'assistance approuvent les projets du Roi (vers 580-857).

Resté seul, le roi Basyle accueille Clothalde venu lui présenter ses prisonniers, Rosaure et Clarín, et l'informer que Sigismond a été découvert. Mais le Roi lui rétorque qu'il vient de révéler le secret de l'existence de son fils ; après avoir annoncé au gouverneur qu'il va bientôt avoir besoin de ses services pour une raison d'importance inouïe, il pardonne aux intrus. Clothalde libère les prisonniers, tout en engageant vivement Rosaure, à qui il rend son épée, à poursuivre la vengeance de son honneur. Rosaure, ébranlée par l'insistance de Clothalde et prise d'un sentiment étrange devant lui, lui révèle alors le nom de son offenseur, Astolphe, duc de Moscovie, qui est venu en Pologne afin d'épouser Etoile. Clothalde se lamente, au comble de la confusion : Rosaure lui laisse entendre qu'elle est une femme ; son offenseur est un puissant seigneur ; c'est donc son propre honneur de père qui a reçu l'affront (vers 858-985).

Deuxième journée.

Le lendemain matin ; la scène est toujours au Palais Royal. Clothalde informe le roi Basyle de la façon dont ses ordres ont été exécutés : une potion soporifique administrée à Sigismond l'a plongé aussitôt dans une torpeur mortelle ; il a été ensuite conduit au palais et couché dans le lit même du Roi où, dès son réveil, il sera traité comme un prince. A la demande de Clothalde, le Roi explique ses intentions : ce stratagème va lui permettre de mettre son fils à l'épreuve et de voir s'il se montre capable de vaincre les étoiles ; dans ce cas il régnera ; sinon il retournera au cachot et, alors, il s'imaginera que tout ce qui s'est passé ne fut qu'un songe. Clothalde n'ayant pas approuvé cette façon de faire, le Roi lui permet alors de révéler à Sigismond l'entière vérité. Clarín survient après le départ du Roi et raconte à Clothalde comment Rosaure vient d'entrer, en qualité de dame et de compagnie, au service d'Etoile ; elle s'est fait passer pour la nièce de Clothalde et attend qu'il l'aide à venger son honneur (vers 986-1223).

Sigismond, qui vient de se réveiller avec stupeur dans un décor luxueux, apparaît au milieu de ses serviteurs qui s'empressent pour l'habiller et lui jouent une aubade. Clothalde lui annonce qu'il est Prince héritier du Royaume de Pologne ; il lui explique comment son père l'ayant fait enfermer pour le faire échapper à son mauvais destin, lui rend la liberté pour éprouver l'usage qu'il saura en faire. Sigismond s'emporte avec violence et veut tuer Clothalde pour s'être fait, illégalement, complice de cette machination. Seul Clarín donne raison au Prince. Celui-ci se montre ensuite arrogant et hautain avec Astolphe qui ne l'a pas traité, croit-il, avec tout le respect qui lui est dû. La beauté d'Etoile, qui arrive alors, l'émerveille ; mais comme il s'apprête à lui prendre la main, un courtisan veut l'en empêcher ; Sigismond, débordant de fureur, jetant le courtisan par la fenêtre, le tue. Survient le Roi ; aux remontrances de son père Sigismond rétorque brutalement, lui reprochant la façon tyrannique et le manque d'amour dont il a usé à son égard. Constatant la violence de son fils, le Roi reconnaît que les présages du ciel disaient vrai ; il adjure Sigismond de se montrer plus humble et le met en garde sur la réalité de ce qu'il vit : il ne s'agit peut-être que d'un songe. Sigismond, interloqué, n'en revendique pas moins sa vraie nature dont il vient de prendre conscience : il est un composé d'homme et de bête. Rosaure survient, pendant que Sigismond explique à Clarín que, parmi tout ce qu'il vient de découvrir, c'est surtout la beauté de la femme qui l'a émerveillé. Ebloui de nouveau par la beauté de Rosaure — qu'il croit reconnaître mais sans se rappeler où il l'a vue — Sigismond se met à la courtiser avec véhémence ; au langage fleuri succèdent vite des mots plus menaçants. Comme Clothalde veut s'interposer, Sigismond, pris de folle colère, tente de le tuer. Astolphe intervient à temps et s'apprête à se battre en duel avec le Prince. Le combat est interrompu par l'arrivée du Roi accompagné d'Etoile. Le Roi, devant les insolences de Sigismond, décide que son fils, endormi derechef, sera remis dans sa prison (vers 1224-1723).

Astolphe, resté seul avec Etoile, se lamente sur le sort cruel et se répand en compliments galants. Etoile, toujours incrédule sur les sentiments de son cousin, lui réplique qu'il ferait mieux d'adresser ses galanteries à la femme dont il portait à son cou le portrait. Astolphe, décidé à dissiper la jalousie de sa cousine, s'en va chercher le médaillon. Cependant Rosaure, qui vient d'assister en coulisse à la fin de cette petite querelle, se présente devant sa maîtresse. Etoile charge Astrée — c'est le faux nom que porte Rosaure au palais — de recevoir à sa place le portrait. Dans un long monologue Rosaure se lamente de l'inclémence du destin. Astolphe revient, et alors qu'il va remettre le médaillon, il reconnaît Rosaure et l'assure aussitôt que son amour pour elle est toujours vivant ; celle-ci pourtant s'obstine à se faire passer pour Astrée et réclame pour sa maîtresse le portrait qu'Astolphe devait lui donner. Qu'elle aille donc lui apporter l'original au lieu de l'image, rétorque le galant; exaspérée, Rosaure veut prendre le portrait de force. Survient Etoile; Rosaure reprend son portrait, réussissant à faire croire à Etoile qu'il venait à l'instant de tomber de ses mains et qu'Astolphe l'avait ramassé par jeu. Celui-ci est alors bien embarrassé, lorsque Etoile lui demande à nouveau le médaillon qu'il portait à son cou. A la fin, Etoile, indignée et furieuse, traite son cousin avec le plus grand mépris et se retire, laissant Astolphe au désespoir (vers 1724-2017).

Dans la tour. Sigismond, sous l'effet d'un narcotique, est ramené dans sa prison. Clothalde fait aussi enfermer Clarín pour lui apprendre à tenir sa langue. En présence de Clothalde et du roi Basyle, arrivé entre-temps incognito, Sigismond, dans un demi-sommeil, profère des menaces contre son geôlier et contre son père. Quand le Prince se réveille, Clothalde s'acharne à lui faire croire que tout ce qui lui est arrivé n'a été qu'un songe. Sigismond évoque avec nostalgie ce qui s'est passé; de tout ce qu'il croit avoir été un rêve, il ne lui reste que la certitude d'avoir aimé une femme, car cet amour, en lui, n'a pas pris fin. Clothalde lui fait la leçon : même en rêve il convient de pratiquer le bien. Resté seul, Sigismond brusquement décide de maîtriser désormais sa violence et son orgueil, et il se livre à d'amères considérations sur l'irréalité de toutes choses (vers 2018-2187).

Troisième journée.

Dans la tour. Clarín se lamente de tous les maux qui l'accablent dans son cachot, surtout du silence qui lui est imposé, quand soudain des soldats en armes font irruption et acclament pour leur Prince le valet qu'ils ont pris pour Sigismond. Clarín, éberlué, riposte par quelques facéties. L'arrivée de Sigismond dissipe la méprise. Un soldat lui explique qu'une révolte vient d'éclater pour empêcher le roi Basyle de faire d'un étranger, Astolphe, duc de Moscovie, son successeur, et pour rendre le sceptre du royaume à son héritier légitime. Une troupe nombreuse de révoltés vient offrir au Prince la liberté. Le premier mouvement de Sigismond est de refuser une majesté dont il sait par expérience qu'elle n'est qu'illusion : n'est-il pas de nouveau la proie d'un songe? Mais devant l'insistance du soldat rebelle, il se reprend, accepte de se mettre à la tête des troupes dressées contre le Roi, qu'il se promet de réduire à sa merci pour se venger et accomplir ainsi les présages du ciel. Le doute cependant subsiste encore en lui sur la réalité de ce qui lui arrive. Mais comme Clothalde s'approche tout craintif, croyant de nouveau endurer la fureur de son prisonnier, Sigismond manifeste la transformation de son cœur : Clothalde ayant, par loyauté envers le Roi, refusé de prendre le parti des mutins, Sigismond le renvoie généreusement — tout en réprimant sa colère — rejoindre le service du roi Basyle, puis il se met lui-même à la tête des révoltés (vers 2188-2427).

Au Palais Royal. Le roi Basyle se désole de la guerre civile qui divise son peuple et d'avoir été lui-même l'artisan de son propre malheur et du malheur de son pays. Astolphe, cependant, se lance avec ardeur à la défense du trône qu'il veut mériter par son courage. Etoile vient informer le Roi des troubles sanglants qui dévastent le royaume afin qu'il tâche par sa présence d'y mettre fin. Clothalde survient, sur ces entrefaites, apportant la nouvelle que Sigismond vient d'être délivré par le peuple en révolte dont il a pris le commandement. Le Roi déclare alors vouloir vaincre lui-même son fils par les armes et contre lui défendre sa couronne. Etoile, prise d'ardeur guerrière, s'élance à ses côtés. Clothalde, resté seul, s'apprête à son tour à sortir quand Rosaure le retient. Rosaure se plaint de nouveau des injures qu'Astolphe inflige à son honneur ; mais elle a la clé du jardin où Astolphe, la nuit, s'entretient avec Etoile. Pourtant c'est en vain qu'elle s'efforce de convaincre Clothalde de donner la mort à son offenseur ; celui-ci se dérobe avec beaucoup d'arguties sur l'honneur, la générosité, la reconnaissance, la noblesse. Malgré les objurgations de la jeune fille, Clothalde ne lui propose rien d'autre que le couvent. Rosaure décide alors qu'elle tuera elle-même le duc de Moscovie (vers 2428-2655).

Sigismond, flanqué de Clarín, à la tête des troupes révoltées, fait la rencontre de Rosaure montée sur un cheval fougueux. Celle-ci dans une longue tirade, après avoir rendu hommage à la majesté du Prince, se fait d'abord reconnaître de Sigismond en lui rappelant leurs deux premières entrevues, puis elle implore sa protection et lui fait le récit circonstancié de sa vie et de ses infortunes, depuis sa naissance à la Cour de Moscovie ; après avoir rappelé les malheurs de sa mère Violante, séduite et abandonnée par son amant, elle lui redit encore l'offense que lui a infligée Astolphe et comment son voyage en Pologne, munie de l'épée que sa mère lui avait remise afin qu'elle puisse se faire reconnaître éventuellement par quelque

gentilhomme, avait pour but de venger cet outrage. Après avoir
rappelé encore tous les événements récemment survenus, elle
engage Sigismond à empêcher le mariage d'Astolphe et d'Etoile ; et
dans un discours enflammé, elle se met enfin au service du Prince.
Sigismond, interloqué par tant d'incertitudes entre ce qui est vrai et
ce qui paraît vrai, est tenté d'abord de profiter de cette occasion
pour abuser de cette femme dont la beauté l'éblouit ; mais il se
décide pourtant à se vaincre lui-même et à restituer son honneur à
Rosaure. Avec une ardeur redoublée il s'élance au combat, laissant
Rosaure interdite par une réponse ambiguë sur ses intentions.
Rosaure cependant retrouve son valet Clarín revenu annoncer
l'approche des soldats ennemis ; la bataille fait rage (vers 2656-
3041).

Les armées du roi Basyle sont mises en déroute. Clarín, au milieu
du combat, va se cacher dans les rochers afin d'assister en sécurité
au spectacle de la guerre. Basyle, Clothalde, Astolphe apparaissent,
battant en retraite, sur le champ de bataille. Clarín, blessé d'un
coup de feu, vient rouler à leurs pieds et leur rappelle, avant de
mourir, que nul n'échappe aux desseins de Dieu. En dépit des
conseils de Clothalde et d'Astolphe qui l'engagent à fuir, le Roi,
comprenant la leçon de Clarín et se fiant désormais à la Providence,
décide d'attendre face à face l'ennemi vainqueur. Le combat fait
rage. Survient Sigismond, devant ses troupes, à la poursuite du
Roi. Celui-ci s'avouant vaincu se prosterne devant son fils. Dans
une noble harangue à l'illustre Cour de Pologne, Sigismond
explique que le destin peut être dominé par le sage et montre les
errements commis à son égard par le Roi ; après quoi il relève son
père prosterné et se rend à lui. Celui-ci le nomme aussitôt héritier
de la Couronne qu'il vient de mériter par ses nobles exploits. Le
prince Sigismond fait incontinent, à l'admiration de tous, la preuve
de sa sagesse et de son esprit de justice : il ordonne à Astolphe
d'épouser Rosaure, dont Clothalde révèle être le père ; lui-même
décide d'épouser Etoile ; il accorde le pardon à son ancien geôlier
Clothalde ; enfin il fait emprisonner à vie le soldat qui avait fomenté
la rébellion du royaume en sa faveur. Dans une ultime déclaration
Sigismond, de nouveau, rappelle que la vie n'est qu'un songe
éphémère (vers 3042-3319).

B. — L'EXPOSITION. L'ACTION. LE DÉNOUEMENT

L'entrée en matière, à la manière de l'école lopesque, est rapide
et brutale. Mais ce n'est qu'à la fin du premier acte que le

spectateur ou le lecteur de *La vie est un songe* dispose de tous les éléments de la double intrigue qui se noue et se dénoue dans la pièce : le Prince héritier, injustement écarté du trône royal, saura-t-il se montrer assez prudent et avisé pour mériter de recevoir le sceptre de Pologne ? La jeune et hardie Rosaure réussira-t-elle à faire valoir son bon droit en obtenant du duc Astolphe la juste réparation de son honneur ? L'exposition, menée avec lenteur et méticuleusement, donne occasion à tous les personnages de cette *comedia* de prendre place, pour ainsi dire, sur l'échiquier dramatique où l'auteur va les laisser se déplacer au gré de leur libre arbitre et des déterminismes qui les contraignent. Le coup de maître de Calderón est d'avoir dès le premier tableau fait s'affronter, dans des tonalités tragiques de paroxysme, d'égarement et de fascination, les deux protagonistes essentiels, Rosaure et Sigismond, recherchant dans la nuit l'issue de leur destin.

Dans le premier acte les événements du passé ont été minutieusement évoqués : la descendance du roi Eustorgue III, les destinées du trône de Pologne, la vie de Sigismond depuis sa naissance. Après le long rapport que Clothalde fait au Roi sur la façon dont ses ordres ont été exécutés et qui marque une sorte de pause dans le mouvement dramatique, l'action débute vraiment dans le deuxième tableau de la seconde journée, lorsque le Prince se réveille au palais. Tout son comportement trahit la brutalité et l'impétuosité de ses instincts ; les péripéties se succèdent sur un rythme précipité : menaces de tuer Clothalde, heurts avec Astolphe, reproches au roi Basyle, tentative d'abuser de Rosaure, duel avec Astolphe. La fin de l'acte représente l'acmé de la crise que traverse le Prince avant qu'il ne soit ramené dans sa prison au comble de l'exaspération. La délivrance de Sigismond par le peuple en révolte fait rebondir l'action. La guerre lui offre un terrain de choix pour employer son ardeur et sa fureur meurtrière.

La deuxième intrigue s'est poursuivie simultanément. Astolphe ne réussit pas à abuser la confiance d'Etoile et il se voit contraint, par l'habileté de Rosaure, de lui rendre le portrait d'elle qu'il portait à son cou. Ici aussi les péripéties sont nombreuses, selon la technique habituelle de Calderón qui aime faire rebondir et progresser l'action par des coups de théâtre se succédant comme les vagues d'une mer démontée. La fin de ce grand mouvement dramatique laisse le spectateur en suspens : Rosaure veut venger elle-même son honneur dans le sang, tandis qu'Astolphe et Etoile sont partis pour s'opposer à la révolte du peuple contre le roi Basyle.

Longtemps suspendu et incertain, préparé cependant par toute une série de signes et de changements dans les cœurs, le dénouement se décide et s'annonce clairement dans l'avant-dernière grande scène du troisième acte, lors de la rencontre de Rosaure et de Sigismond, à la tête des armées rebelles. L'instant capital est celui où le Prince prononce ces paroles qui feront basculer le destin : « Vive Dieu ! de sa réputation je ferai la conquête, avant que de faire celle de ma couronne. Fuyons cette occasion, trop dangereuse. Faites sonner aux armes ! Dès aujourd'hui je livrerai bataille... » (vers 2989 et suiv.).

La victoire que Sigismond obtient alors sur lui-même en dominant l'élan impulsif qui l'entraîne vers Rosaure préfigure l'issue du drame retardée encore par quelques rebondissements : la mort de Clarín, la déroute des soldats loyalistes, la reddition du roi Basyle, l'acte de soumission du Prince et sa reconnaissance comme héritier légitime du trône. L'action s'achève ainsi, encore, par vagues successives, dans un très beau mouvement de reflux des passions. Le triomphe éclatant de la sagesse se manifeste alors dans la remise en ordre des destinées de chacun des protagonistes selon l'ordre voulu par l'harmonie suprême.

C. — LE TEMPS ET LE LIEU

Aucune indication ne permet de situer l'action de *La vie et un songe* à une époque déterminée. Quoique plusieurs souverains de Russie aient porté le nom de Basyle et qu'il y ait eu en Pologne trois rois du nom de Sigismond, les personnages du même nom de correspondent ici à aucune réalité historique. L'évocation de la Cour de Pologne et les événements qui sont censés s'y dérouler sont purement fictifs. Le seul élément de réalité est que le royaume de Pologne a eu, au XVIe siècle, accès sur la mer, ce qui permet de légitimer certaines allusions de la pièce.

Le premier acte se répartit sur deux jours. L'action commence à l'heure où le soleil se couche et reprend, sans transition, à la moitié du premier acte, dès l'aube suivante. Les différentes intrigues se déroulent successivement et non pas simultanément, les scènes s'enchaînent toujours dans le respect de la chronologie. L'acte I s'achève donc, sans autre précision, au cours du second jour après le début de l'action. L'acte II se place dès le lendemain, ainsi que le roi Basyle l'a annoncé à ses courtisans (vers 856), et débute encore, semble-t-il, avec le lever du jour, le transport de Sigismond au palais s'étant effectué pendant la nuit. C'est à la fin de la même journée que Sigismond, ramené dans sa prison, s'éveille (vers 2090) ; Clothalde lui laisse entendre, en effet, qu'il a dormi tout le jour.

Aucune précision n'est donnée sur la durée de temps qui sépare le troisième acte du précédent ; mais il doit s'agir néanmoins de plusieurs jours (vers 2216). L'action ici encore débute avec le jour (vers 2204) et s'achève sans doute le soir même, quoiqu'il soit peu vraisemblable que tant d'événements — et en particulier les troubles qui sont censés dévaster le royaume — se produisent en si peu de temps. Pourtant Sigismond déclare expressément qu'il veut livrer bataille le jour même de sa délivrance de prison, avant le coucher du soleil (vers 2994-2997). Et sans doute Calderón a-t-il délibérément voulu que son drame, afin que tout revienne symboliquement à l'équilibre et à la norme, de même qu'il avait débuté à la tombée du jour, s'achève au crépuscule, à l'heure où de nouveau s'approchent les ombres et les songes : « ... et dans l'angoisse je crains de m'éveiller, et de me trouver, derechef, enfermé au fond de ma prison » (vers 3307-3308).

Peu d'indications précises sont données sur les lieux où le drame se joue. La tour où est enfermé Sigismond se trouve quelque part au milieu des montagnes de Pologne. A quelle distance de la Cour ? Rien n'est dit là-dessus expressément ; il semble qu'il faut une nuit de voyage pour se rendre de l'un à l'autre endroit. Au massif montagneux succède, dans d'autres scènes, le Palais Royal sans que la capitale du royaume soit jamais nommée. On sait seulement que le Palais Royal s'élève sur le bord de la mer, comme le château d'Elseneur du prince Hamlet. Tels sont les deux lieux dramatiques essentiels. Ce contraste entre un décor naturel et un décor citadin contribue, comme dans *Le magicien prodigieux* par exemple, à mettre en relief la structure secrète de cette *comedia* où, comme il arrive souvent chez Calderón, le découpage de l'espace réel et de l'espace imaginaire, selon toute une ordonnance complexe d'antithèses, de parallélismes, d'oppositions ou de complémentarités, signifie déjà une interprétation de l'intrigue. Comme dans *Le magicien prodigieux*, ces deux hauts lieux dramatiques — la montagne, la Cour — suggèrent l'évocation et l'opposition du monde des instincts et du monde de la raison, des passions et de la sagesse, des songes et de l'éveil.

D. — LES PERSONNAGES

Cette *comedia* comporte un nombre assez réduit de personnages ; ils ne sont, exception faite des figurants (soldats, gardes, domestiques, musiciens...), qu'au nombre de sept : les deux héros, Sigismond et Rosaure ; le roi Basyle et Clothalde ; le duc Astolphe et l'infante Etoile ; Clarín, enfin, le valet bouffon, dont on remarquera qu'il n'a pas ici de comparse à qui donner la réplique et qui traverse la pièce dans une sorte de solitude inhabituelle.

L'analyse des personnages montre, en dépit du préjugé tenace dû à Menéndez y Pelayo selon lequel les créatures de Calderón ne sont que des allégories ou des symboles, une intuition aiguë des passions de l'âme, un admirable génie pour en exprimer les tourments et pour mener jusqu'à leur terme le mouvement profond de leur logique interne.

Le prince Sigismond domine évidemment de toute sa stature, de toute sa grandeur humaine et exemplaire les autres personnages. On observera, en premier lieu, que Sigismond n'a point d'âge précis, pas de visage défini ; aucun trait ne suggère son aspect physique ; celui-ci en quelque sorte ne peut que se déduire de sa nature morale. Et tout d'abord de sa violence : violence de son désespoir dans les stances admirables du premier acte, qui le porte au plus haut lyrisme pour clamer son aliénation ; violence de ses revirements intérieurs qui le transportent d'un seul élan de la fureur à la tendresse dès qu'il perçoit pour la première fois une voix de femme ; violence du désir qui le saisit tout aussitôt et de plus en plus fort à chaque regard qu'il porte sur Rosaure ; violence de son ardeur de vivre qui se retourne en ardeur de mourir ; violence enfin de la fureur avec laquelle il veut, contre Clothalde, défendre Rosaure et Clarín. Le plus haut sommet de cette violence est atteint lorsque Sigismond, se voyant enfermé de nouveau, défie le ciel comme un surhomme.

Il y a, dans ce personnage, une sorte de démesure inquiétante, annoncée d'ailleurs par son horoscope, une puissance redoutable et un orgueil sans frein que rien ne semble pouvoir réduire à merci. L'ambition, le goût du pouvoir, la volonté de puissance et une sorte de pressentiment frémissant de sa nature véritable faite pour régner dans la liberté, voilà encore quelques traits de la personnalité de Sigismond que Clothalde souligne lui-même dans le récit qu'il fait au Roi, au début du deuxième acte ; il s'y ajoute, en dépit des leçons de religion qu'il a reçues, le refus spontané et irréductible de toute obéissance, et des explosions soudaines de colère emportent sans retenue le jeune homme aux plus extrêmes paroxysmes. Il importe de souligner cette exacerbation des sentiments et des élans qui, à l'instar des grands héros tragiques, caractérise Sigismond. Cette spontanéité de l'émotion, tendue à se rompre à la moindre irritation, se manifeste encore dans la surprise, dans l'étonnement émerveillé et impatient du Prince quand il se réveille au palais. Mais l'expérience de la liberté met aussitôt à jour, sans le moindre détour, la nature première, instinctive, sauvage du jeune homme : son orgueil méprisant et menaçant envers Clothalde, envers les courtisans, envers Astolphe. Toute la rancune longtemps accumulée contre son geôlier, et que l'on sent toujours près d'éclater, cède un instant pourtant − le trait mérite d'être signalé − devant une réplique bouffonne de Clarín. Ce sens de l'humour, inattendu en un pareil moment de rage, révèle que le Prince n'est pas tout à fait insensible aux sollicitations de la sagesse, s'il est vrai que l'humour est un des visages de la liberté. La beauté féminine opère aussi sur cette nature barbare le même charme ; dès l'apparition d'Etoile, et quelques instants plus tard de Rosaure, Sigismond, d'emblée, découvre le langage de la préciosité, c'est-à-dire, pour l'époque, le vrai langage de l'amour. Mais le déchaînement de la fureur, toujours à fleur de peau, semble-t-il, chez Sigismond, reprend tout aussitôt le pas, et sans plus de façons le voici qui se livre aux pires extrémités, tue un homme, injurie le Roi, s'apprête à tuer Clothalde ; l'expérience est probante : Sigismond n'est qu'une brute féroce, ainsi qu'il le déclare lui-même dans un instant de lucidité émouvante : « Je sais que je suis un mélange d'homme et de fauve. » Il y a là plus qu'un aveu, une prise de conscience nécessaire à l'évolution du personnage et qui annonce, de même que les autres indices relevés plus haut, de certaines dispositions pour la liberté, son changement.

On voit donc que si le personnage de Sigismond paraît, à la fin du deuxième acte, tout entier la proie de la passion et de l'orgueil, on n'en découvre pas moins chez lui la trace d'une autre nature : celle où l'esprit inscrit sa marque. A cet égard la comparaison avec le caractère et l'évolution du personnage de Cyprien, dans *Le magicien prodigieux*, est aussi remarquable. On se souvient qu'à la fin du deuxième acte, le jeune étudiant d'Antioche, livré aux forces de l'enfer, n'en avait pas moins entendu l'appel de la grâce. Dans le dernier acte de *La vie est un songe*, de même que dans *Le magicien prodigieux*, c'est au même combat que l'on va assister entre ces deux élans contraires qui toujours, selon Calderón, se partagent le cœur de l'homme, celui de la nature et celui de l'esprit, auquel le désabusement a fait accéder Sigismond aussi bien que Cyprien.

La conversion du prince de Pologne ne contredit en rien sa nature profonde ; celle-ci se maintient et paraît de nouveau dans sa générosité foncière, sa fureur d'être, son ardeur indomptable, son aspiration à la sagesse et même son goût amer du néant doublant son désenchantement, lorsqu'il parvient enfin à échanger son désir immédiat et impérieux contre l'acceptation de la réalité.

Si le personnage de Sigismond apparaît tout en contrastes déchirants d'ombres et de lumière, Rosaure, auprès de lui, ne fait point cependant pâle figure. L'audace et la force de caractère qu'elle montre dès le début ne se démentiront jamais. Mais sous ces dehors résolus, elle est profondément féminine : curieuse, sensible, compatissante, fragile et tendre, et même rusée et malicieuse. Sans orgueil, à l'opposé de Sigismond, elle est, comme lui, ardente, impétueuse, généreuse, téméraire. Elle est aussi soucieuse de laver la tache faite à son honneur ; sa dignité refuse toute compromission. Elle ne perd jamais de vue le motif qui l'a conduite au palais, et c'est avec une véritable explosion de désespoir qu'elle apprend de la bouche d'Etoile la nouvelle trahison d'Astolphe. Au troisième acte, au milieu de la guerre qui se déchaîne, Rosaure ne se laisse pas détourner de son projet de vengeance. Puis c'est au service du Prince qu'elle met son ardeur batailleuse. Tout entière vouée aux justes causes, Rosaure est une nature passionnée, éprise de justice, de vérité, d'honneur. La fortune sera équitable envers elle. Elle épousera Astolphe, retrouvant ainsi son honneur ; peut-être aurait-on pu rêver pour elle d'une plus haute destinée et plus en harmonie avec la noblesse spontanée de ce caractère ; mais il ne pouvait en être autrement. Car elle a, en effet, accompli son destin : l'éclat de sa beauté, son charme rayonnant ont permis à Sigismond, en faisant naître en lui sa passion pour elle, d'entreprendre la transformation de son être qui le mènera à la liberté.

Le roi Basyle est un vieillard accablé par le poids des années. Le grand âge et le pressentiment de la mort expliquent sans doute les inconséquences et les faiblesses dont il fait preuve, de même que son brusque éclair de lucidité sur ses erreurs passées. Certes, il a été un homme de grande intelligence, de grande science, versé dans les mathématiques et l'astrologie, renommé pour ses connaissances. Mais la science, chez lui, n'allait pas de pair avec la sagesse et, paradoxalement, on peut dire que bien plus que les astres dont il craignait tant l'influx néfaste, c'est lui-même qui fut l'instrument de tous ses malheurs, lui-même qui donna raison à l'horoscope effrayant de son fils. Père tyrannique, ce souverain, pourtant épris du bonheur de son royaume et soucieux de préserver les droits légitimes de son héritier, se décide trop tard à faire confiance au libre arbitre. Il y a en lui, comme il l'avoue, trop d'hésitations, trop de circonspection, trop de précautions. Il a du mal à mettre d'accord les différents aspects de sa personnalité : le Roi, le Père, le Savant. Et l'on comprend que ses sujets n'aient que peu de respect et d'égards pour un souverain si versatile, et si couard en fin de compte.

On ne sait quelle sagesse lui est venue dans sa vieillesse : l'homme peut vaincre son destin ; par deux fois il l'affirme (vers 788 et svt. — vers 1110-1111), se démentant lui-même, afin de justifier sa décision de tirer Sigismond de sa prison ; que ne s'en est-il avisé plus tôt ? Il y a un curieux mélange chez lui de haute prudence et d'imprévoyance, de sévérité et de bonté. Car ce vieux souverain tyrannique a pourtant un cœur paternel, aimant et bienveillant : n'est-ce pas un élan de bonté qui le fait décider tout à coup, sur l'incitation de Clothalde il est vrai, qu'il vaut mieux informer son fils de toute la vérité avant de le soumettre à l'épreuve décisive ? Et c'est avec une profonde douleur qu'il reproche à son fils de n'être qu'un meurtrier. Son amour sincère, quoique maladroit, a été blessé et déçu. C'est avec beaucoup de dépit, qu'il se résout à renvoyer son fils en prison où il assiste avec douleur à son réveil. Ce tyran est cependant un faible. La révolte de son peuple le trouve désarmé et c'est un peu tard qu'une prise de conscience salutaire s'opère en lui : il a été lui-même l'instrument de sa ruine. Un dernier sursaut de courage néanmoins le réhabilite : il prend la tête des armées, affronte la révolte. Mais peu à peu le Roi s'achemine vers son destin ; il reconnaît enfin un plus grand pouvoir que le sien, celui de Dieu, dont à la fin il convient, retrouvant ainsi le sens d'un ordre et d'une hiérarchie qu'il avait perdu. La magnanimité de Sigismond achève de donner au Roi la place légitime qui lui revient : celle d'un père assez maître de lui pour transmettre à son héritier le sceptre auquel il a droit. Ses dernières paroles reconnaissent la victoire de Sigismond : « C'est à toi que sont dus la palme et le laurier ; c'est toi qui es vainqueur, et tes exploits sont ta couronne » (vers 3251-3253), et du même coup lui rendent à lui-même sa vraie grandeur et son rôle de père. Le roi Basyle, en fin de compte, est ainsi une figure pathétique en qui luttent plusieurs croyances : celle du savant dans le déterminisme, celle du philosophe dans la liberté, celle du chrétien dans la Providence. En lui s'illustre aussi une autre vérité que Calderón ne cesse de répéter : la science et la connaissance, sans autre fin qu'en elles-mêmes, ne sont que ruine de l'âme.

Fidèle serviteur du roi Basyle, Clothalde se caractérise par le dévouement inconditionnel et un sens rigoureux du devoir. La loi, l'ordre, l'obéissance, voilà ce qui pour lui prime sur toute chose. Pourtant, derrière son apparence sévère et rigoriste, Clothalde cache un cœur sensible ; une émotion violente le saisit dès qu'il reconnaît l'épée de Rosaure ; il s'afflige à l'extrême que l'on ait découvert le secret de l'existence du prisonnier qu'il doit cacher. Son attitude conformiste et austère doit dissimuler aux yeux de tous le mystère de son passé : son amour pour Violante, son abandon, la naissance d'un enfant illégitime. La faiblesse et l'indécision sont au cœur de ce personnage et se révèlent à plusieurs reprises dans ses discours et ses hésitations perpétuelles. Pourtant ce gouverneur peu audacieux est un pédagogue savant ; c'est lui qui dans les sciences et dans la religion a instruit Sigismond, et les talents oratoires et poétiques de l'élève, son esprit éveillé, sa curiosité intellectuelle font honneur au maître. Un autre aspect de son caractère est son sens implacable de l'honneur ; le déshonneur pour lui vaut autant que la mort ; comme il le dit lui-même : « Une vie infâme n'est pas une vie. » Mais quand il apprend qui est l'offenseur de Rosaure le voilà derechef au comble de la consternation...

Scrupuleusement respectueux des ordres de son souverain, Clothalde n'en est pas moins capable de lui reprocher sa façon d'agir envers son fils. C'est son intervention qui décide Basyle à dire la vérité au Prince. Clothalde, en effet, dans le deuxième acte, montre plus d'audace que dans le premier acte. Les avanies que lui inflige Sigismond n'ébranlent pas sa fermeté ; il est bien décidé à châtier son élève comme il le mérite. Il fait preuve aussi de courage quand il prend la défense de Rosaure. Et quand Sigismond est de nouveau dans sa prison, le vieux geôlier recouvre toute son autorité, non dénuée pourtant, on le sent bien, de tendresse pour son prisonnier. Au dernier acte Clothalde prouve encore qu'il n'est pas dépourvu par moments d'une certaine force d'âme : quand la révolte éclate il reste, au risque même d'en payer le prix de sa vie, fidèle à son Roi, pour lequel il éprouve une sorte de vénération. Mais c'est précisément cette dévotion que l'ordre et la monarchie suscitent en lui qui lui fait refuser la proposition de Rosaure de la venger en tuant Astolphe. Ce noble seigneur préfère, plutôt que de produire quelque scandale, envoyer sa fille au couvent. Mais il ne comprend pas qu'il refuse ainsi de comprendre ce que Rosaure désespérément lui demande : d'être pour elle un père afin d'infléchir son destin. Quoi qu'il en soit, au plus fort du combat, Clothalde se conduira encore auprès du Roi en conseiller avisé et prudent. Et c'est avec une fierté légitime que ce vieux gentilhomme pourra enfin déclarer en public que Rosaure est sa fille et digne par conséquent des plus hauts prétendants.

Astolphe, comme en arrière-plan, a un rôle plus effacé. Le duc de Moscovie est un beau parleur, habile à manier, non sans grâce d'ailleurs, les métaphores brillantes et raffinées. Mais les galanteries qu'il débite à Etoile, sa soumission obséquieuse devant le Roi, ses compliments hyperboliques à l'adresse de Sigismond, les discours à la fois tendres et hautains qu'il tient à Rosaure cachent une âme dure, intéressée, ambitieuse et veule. S'il courtise sa cousine Etoile ce n'est pas par amour, mais par soif du pouvoir qu'il pourrait avoir en obtenant sa main ; s'il a abandonné lâchement Rosaure — renouvelant ainsi curieusement la trahison de Clothalde envers Violante — il n'en éprouve pas moins pour elle un sentiment d'amour vivace ou plus exactement un violent attrait sensuel ; mais trop assuré de son ascendant sur elle il traite sa maîtresse avec beaucoup d'orgueil et de désinvolture. Il est Grand du Royaume, entend que sa grandesse soit respectée, et il est prompt à se vexer quand Sigismond le traite de haut. A la fois rusé, brutal, présomptueux et insolent, Astolphe n'en est pas moins capable d'un certain courage pour défendre Clothalde quand il est outragé ou pour se mettre, auprès du Roi, à la tête des armées contre les révoltés. Et il est émouvant aussi lorsqu'au milieu du deuxième acte il exprime son désarroi devant les caprices cruels de la fortune. Le trait le plus remarquable pourtant de ce personnage — qui par certains aspects ressemble à son cousin Sigismond — est qu'en dépit de cet air de famille et à la différence du prince de Pologne, Astolphe n'évolue guère au cours de la pièce. On dirait qu'à l'instar des âmes les plus frustes, la sienne est incapable de transformation. S'il épouse

Rosaure, à la fin, c'est qu'un autre en a décidé pour lui, Astolphe, ce Don Juan irresponsable, selon Angel L. Cilveti, est de la lignée de ces personnages, nombreux chez Calderón, qui par leur bassesse foncière, leur insensibilité spirituelle ou leur médiocrité sans faille semblent à l'abri des appels de la grâce ou de la liberté.

Etoile, dont le rôle est plus bref, a une nature franche, décidée, passionnée, que les procédés déloyaux d'Astolphe rebutent profondément, quoiqu'elle eût été prête, s'il s'en montrait digne, à lui donner son cœur. Etoile est en réalité un être dévoré du besoin d'aimer. En dépit de cette soif d'amour, plus forte chez elle que l'aspiration au trône de Pologne auquel son rang lui permet de prétendre, elle reste sur la réserve devant la cour pressante et intéressée de son cousin Astolphe. Comme Rosaure, Etoile est aussi une femme d'une beauté rayonnante, si l'on en croit les déclarations de Sigismond et l'émotion qui le saisit quand il la voit pour la première fois. Mais ici encore, Etoile doit se refuser aux avances empressées de son cousin. Ce n'est qu'auprès de Rosaure, qui a vite gagné sa confiance, qu'Etoile trouve une confidente à qui dire ses inquiétudes et le désarroi où la plonge l'attitude suspecte d'Astolphe. Dans la scène du portrait, Etoile révèle encore sa nature entière, fervente et farouche. Les artifices d'Astolphe portent à son comble son indignation, et quand elle éclate enfin en reproches véhéments contre lui, on comprend bien que la rupture est consommée entre ces deux êtres si différents l'un de l'autre, l'un qui est à son aise dans les compromissions et l'autre qui n'aspire qu'au feu de l'amour et de la vérité. Au troisième acte, Etoile ne fait que deux brèves apparitions. On la voit d'abord mettre son ardeur belliqueuse au service du Roi. Le ton enflammé qu'elle emploie pour décrire la guerre, son exaltation à vouloir en être la déesse révèlent à son insu l'insatisfaction de son cœur dans le domaine de l'amour. On la voit ensuite, d'un mot, quand Sigismond déclare qu'il sera son époux, avouer son bonheur. Réponse laconique et ambiguë. Comme elle le souhaitait, Etoile deviendra reine de Pologne ; mais n'est-ce pas plutôt la joie qui l'emplit de pouvoir employer enfin toute la tendresse et la passion enfermées en elle ?

Clarín, le valet bouffon, porte un nom très fréquemment attribué à ses congénères et qui se prête à la plus grande satisfaction du public, aux mêmes plaisanteries toujours répétées. Mais ici le personnage du *gracioso*, souvent stéréotypé dans la *Comedia*, offre des traits particuliers. Certes, selon l'usage, il est inconsidérément bavard, pleutre, curieux, indiscret, débrouillard et souvent importun ; il aime faire le pitre, mettre son grain de sel alors qu'on ne lui demande rien ; jamais il ne résiste au plaisir de faire un bon mot. Mais il ne manque pas, à l'occasion, d'humour, d'esprit d'observation, d'à-propos et de sens de la répartie. Il traverse le drame de façon solitaire, sans comparse de son espèce, en arrière-plan, comme ignoré des autres personnages ; il est affamé, au palais, parce que tout le monde l'oublie ; nul ne s'intéresse à lui ; Rosaure, sa maîtresse, en particulier, n'a guère souci de lui ; si Clothalde, un moment, le prend à son service, c'est par intérêt, pour qu'il tienne sa langue ; seul Sigismond aura un mot aimable à son égard. Clarín, à l'écart, observe tout, voit tout, s'informe de tout. Toutefois un destin fatal semble peser sur lui. Après avoir connu les rigueurs de la prison, la faim surtout et le silence, Clarín connaîtra aussi, pendant quelques courts instants il est vrai, et par une sorte de dérision de la fortune capricieuse, l'illusion d'être prince. Les rebelles ne l'ont-ils pas acclamé comme leur chef ? Mais cette gloire fallacieuse se dissipe vite, et Clarín, loin de tous, dans une solitude qui devient tragique, sans héroïsme, sera pris comme un rat par la mort qu'il cherchait à fuir. *Sic transit gloria mundi…* ; l'adage est vrai en ce cas-là aussi.

IV

ANALYSE IDÉOLOGIQUE

La vie est un songe, comme toutes les grandes créations poétiques, offre une pluralité de significations. La totalité du sens, évidemment, en est inépuisable. Mais ce n'est pas par hasard que le personnage de Sigismond est devenu, auprès de Don Quichotte et de Don Juan, l'une des grandes figures mythiques que l'Espagne a proposées aux hommes pour les aider à affronter leur destin et à élucider l'angoissant mystère de leur condition. Derrière l'homme temporel, aux prises avec l'événement, l'histoire, la circonstance, se profilent toujours, chez Calderón, l'homme éternel et son interrogation tragique sur la vie, sur la mort, sur l'au-delà ou sur les fondements de l'être. La leçon essentielle de *La vie est un songe* est que la réponse à cette question ne peut être que le fruit d'une expérience personnelle, d'une praxis toujours aléatoire, et que toute sagesse ne s'obtient qu'au prix de l'épreuve, de l'agonie ou de la mort. Les deux intrigues mêlées de la pièce illustrent, chacune à sa façon empirique, la même et implacable moralité : la vraie vie est victoire sur l'illusion. Leçon amère. Mais dans le même temps leçon d'espérance, car si la vie est un songe, la mort est un mensonge. Mort, où est ta victoire ?

A. — ILLUSION ET RÉALITÉ

La vie est un songe contient une méditation passionnée sur la nécessité, pierre de touche où se distingue l'illusion fallacieuse de l'inéluctable vérité. Sigismond, dès le premier acte, prend conscience de cette prison de la nécessité que symbolise la tour où il est enchaîné. Mais la perception de la réalité ne s'obtiendra qu'aux dépens du chaos qui d'emblée s'offre à lui : la nature vierge et brute, le mystère des êtres et du cosmos, tout ce monde inconnu et étrange où il vit. L'éducation que lui a donnée Clothalde a dégagé pour son esprit des voies d'accès — la religion, la science — à la vraie connaissance. L'intelligence — Calderón ne cesse de le montrer — éclairée par l'instruction, exercée par l'éducation, s'élance spontanément à la conquête du vrai. Mais, selon une optique chère à l'époque baroque, les coups de semonce brutaux de la désillusion (*desengaño*) découpent les étapes déterminantes de ce cheminement de l'esprit. C'est ainsi que l'on peut comprendre le sens des endormissements que Sigismond subit à son insu. La potion soporifique qui par deux fois lui est administrée déploie ainsi pour lui, sans transition, deux registres inédits de l'expérience où il ne sait plus qui il était dans le moment d'avant, où un être nouveau est contraint en lui de se manifester, où les souvenirs deviennent des fantômes ; ainsi lorsque s'offusquent les yeux de la raison raisonnante, trop sûre d'elle, la conscience inquiète peut s'éveiller dans la vraie clarté de l'esprit. Le soporifique est aussi l'image de la mort ; comme elle, il rend sensible l'éphémère ; tout s'achève par lui aussi brusquement que par elle : « ... son pouvoir tyrannique et sa force secrète ravissent à ce point le raisonnement que d'un homme ils font un cadavre... » (vers 994-998).

De même le passage subit de l'extrême dénuement au luxe princier, de l'impuissance à la toute-puissance, de l'indignité à la majesté offre l'image encore de la diversité et du contraste que présentent les conditions variées qui vont, sur la scène du monde, du pauvre et du manant aux riches et aux rois : « Le Roi songe qu'il est un roi... Le riche rêve à ses richesses... Le pauvre rêve qu'il endure sa misère et sa pauvreté... Et dans le monde, en conclusion, chacun rêve ce qu'il est et nul cependant ne le sait » (vers 2158-2176). Un scepticisme radical est donc au cœur de cette vision du monde dont tous les aspects ne sont qu'illusoires, « gloires feintes, ombres de la vie, flammes de la mort » (vers 2025-2027). Sigismond connaîtra, de façon précipitée et comme accélérée, toutes ces tentations de l'humaine condition, mais il se laisse prendre à leurs délices, à leur vertige, dans la totale ivresse de l'orgueil. Sans qu'il soit fait ici expressément appel, comme dans les *autos sacramentales*, au dogme catholique et à la rébellion du Prince de la Nuit, on lit en filigrane, à travers la révolte du Prince de Pologne, le même avertissement : l'orgueil est le maître du monde, mais le monde n'est rien qu'un mirage, un spectacle fictif qui conduit à la mort ses captifs. On est ici au cœur même du drame et de la destinée spirituelle de Sigismond, quand se fait jour en lui sa lucidité sans merci :

> Qu'est la vie? Une frénésie.
> Qu'est la vie? Une illusion,
> une ombre, une fiction... (vers 2182-2184).

B. — DÉTERMINISME ET LIBERTÉ

La mort dérisoire de Clarín qui survient alors que le Prince Sigismond, délivré de la tour, s'élance de toute sa véhémence, vers sa liberté physique et spirituelle, souligne d'un trait acéré l'inexorable nécessité. Le temps implacable qui efface tout, ruine les empires et laisse des vivants moins que le souvenir d'un sillage, l'aveugle nature, le risque permanent, l'inconstante fortune et ses revers imprévisibles, la fragilité et la brièveté des choses, l'hérédité mystérieuse, l'inévitable enchaînement des causes et de leurs conséquences, voilà quelques-uns des aspects que Calderón dévoile de l'*ananké*, le maître par excellence auquel les hommes doivent se plier, fussent-ils rois ou bien sujets. Mais la notion, chez lui, se dépouille pourtant de tout paganisme ; la nécessité — c'est-à-dire la réalité — est la forme que prend pour un chrétien l'insondable volonté de Dieu.

Encore ne faut-il pas que les hommes confondent leurs terreurs ou leurs espoirs avec les desseins de la Providence. Assurément les astres, les horoscopes, les signes qu'il suffit d'ouvrir les yeux pour voir, imposent à leurs vies un canevas précis. Basyle, en ce domaine, mérite bien le renom de savant dont il jouit *urbi et orbi*.

L'étude assidue à laquelle il s'est longtemps adonné des mathématiques, de l'astronomie, de l'astrologie, lui a permis de déchiffrer, ainsi qu'il le dit, le grand livre du firmament et ses constellations dorées, ses globes de cristal et ses cercles de neige. Il y est passé maître. *Felix qui potuit rerum cognoscere causas...* Mais la science ne suffit pas ; encore faut-il savoir en faire un bon usage : « Ce qui dans le ciel est déterminé, ce que sur l'étendue d'azur, Dieu a écrit avec son doigt, dont tous ces parements d'azur, émaillés de lettres dorées, offrent une image abrégée, tous ces signes jamais ne trompent, jamais ne mentent ; celui qui ment en effet et qui trompe, est bien plutôt celui qui pour en mésuser, les interprète et cherche à les comprendre » (vers 3162-3171).

Telle est la grande leçon que donne Calderón et qu'illustrent nombre de ses *comedias*. Dans *La vie est un songe*, le roi Basyle devient à ses dépens et aux dépens de son royaume l'instrument de sa perte en abondant dans le sens des événements prédits par les astres. *Astra inclinant, non necessitant... Astra regunt homines, sed regit astra Deus...* Les maximes classiques, si souvent glosées par Calderón et ses contemporains, auraient pu rappeler le roi Basyle à plus de discernement. En enfermant son fils comme une bête fauve, en le privant de façon tyrannique de toute liberté, en le dépossédant de ses droits et de sa dignité, le Roi s'est fait complice du destin. Pire encore : il transforme en destin ce qui n'était d'abord qu'une donnée première, réelle certes, mais sur laquelle il pouvait agir. En fait il est le véritable auteur de la fatalité. Aucun déterminisme chez Calderón. L'homme est libre et responsable de son destin. Toute son œuvre l'affirme et ne cesse de prouver cette croyance philosophique et religieuse. En cela il recueille à la fois l'héritage des penseurs anciens et des théologiens tels que Saint Thomas d'Aquin ou Luis de Molina : « Qui veut être le maître de sa fortune, doit le faire avec prudence et mesure » (vers 3217-3219).

Paradoxalement, toutefois, dans une ambiguïté où son génie éclate, Calderón montre à la fois la victoire éclatante des présages interprétés par le Roi et le triomphe final de la liberté et de la sagesse. Les événements de la destinée ne sont pas annulés mais orientés différemment par l'emprise qu'acquiert sur eux le prince de Pologne. Mais il faut remarquer aussi que c'est le roi Basyle qui a permis, en dépit de ses premiers errements, cette nouvelle orientation du cours des choses ; car il le déclare lui-même : « le plus amer destin, la plus violente inclination, la planète la plus cruelle, ne font seulement qu'incliner le libre arbitre, sans le forcer » (vers 787-791). Admirable ambiguïté des choses, inextricables contradictions du cœur humain. Et quand le Prince sera de nouveau enchaîné, c'est le peuple qui par un coup d'Etat donnera de nouveau libre carrière à sa fortune. La leçon de vie que donne ici le dramaturge est inépuisable : le mensonge, la peur, l'abus de pouvoir, la croyance au malheur et la défiance ne mènent qu'à la mort et à l'aberration. L'éducation, l'intelligence, la science, la maîtrise des passions éclairée par le discernement ou la loi de grâce assurent l'exercice de la liberté dont la sagesse est la plus haute expression : elle est la vraie vocation des hommes.

Tout cela s'anime et prend corps dans *La vie est un songe* par un jeu complexe de situations dramatiques — où les destins individuels se mêlent aux destinées collectives — et de symboles nombreux — le cheval emballé, la tour ténébreuse, le soleil éclatant, l'aigle royal volant dans le ciel... — qui enlèvent au drame tout caractère dogmatique de thèse abstraite et artificielle, mais lui donnent tout au contraire l'apparence mouvementée, multiple et imprévisible de l'existence réelle où la raison s'épuise à découvrir le droit chemin :

> « Quel est donc ce confus labyrinthe
> où la raison ne peut
> trouver le fil ? » (vers 975-977).

C. — L'HONNEUR

Au royaume de Pologne sont en vigueur les mêmes principes qui organisent la société du royaume d'Espagne au XVIIᵉ siècle. Les règnes du roi Basyle et celui du roi Philippe IV sont semblables en cela : la hiérarchie sociale y est la même, ordonnée selon un ordre monarchique que rien ne met jamais en cause ; la personne royale, à l'image de Dieu, est sacrée ; les esprits et les conduites sont régis selon le même code impérieux de l'honneur qui s'imposait aux Espagnols du Siècle d'Or. Cet amalgame des mentalités, défiant le temps et l'espace, assimilant les comportements d'un Prince moscovite à celui d'un galant de Madrid, ou celui d'une jeune femme polonaise à celui d'une *dama* de la *Villa y Corte*, n'a rien de surprenant ; il relève des conventions les plus couramment admises dans la *Comedia* et les plus couramment pratiquées par Calderón en particulier.

Le trio habituel des comédies d'honneur est rassemblé ici : la dame offensée, Rosaure ; l'offenseur, Astolphe ; le barbon vengeur, gardien de l'honneur de sa fille, Clothalde.

La même casuistique est à l'œuvre dans toute comédie de cape et d'épée fondée sur ces thèmes : l'honneur et la vie sont une même chose ; l'affront est pareil à la mort ; il ne peut être rétabli que par une juste réparation, ou bien il ne peut être lavé que par le sang ; le déshonneur est comme une dette (*deuda*) que, de gré ou de force, il convient d'acquitter.

Les mésaventures de Rosaure déroulent, en contrepoint de la destinée de Sigismond, une seconde intrigue, très romanesque, avec ses péripéties, ses déchirements, ses revirements, où la quête d'honneur tient la place essentielle. Il s'agit pour elle de retrouver « les trophées de son honneur, les dépouilles de sa gloire » (vers 2780-2781) perdus dans la bataille de l'amour. On observera cependant que le destin de Rosaure, bafouée par son séducteur, s'inscrit étrangement dans le prolongement du drame assez mysté-rieux qui avait séparé ses parents, Violante et Clothalde, et où déjà l'honneur avait été bafoué. Calderón ainsi laisse souvent entendre que le sort des enfants est la réplique des agissements ou des fautes de leurs parents. *Abyssus abyssum invocat...* C'est en tout cas une des lois qui toujours préside à l'honneur social : le père doit répondre de sa fille, le mari de sa femme, le frère de sa sœur. Dure loi... Devant elle Clothalde est trop lâche ; ou plutôt il est irréconci-liablement partagé entre sa fidélité au trône — à ce qu'il appelle la loi de vassalité (*ley del homenaje*, vers 432) — et l'observance de cette prescription. C'est parce qu'Astolphe peut être l'héritier du trône qu'il se refuse à tourner contre lui son épée. Il l'a dit lui-même : « La loyauté envers le Roi ne passe-t-elle pas avant la vie, avant l'honneur ? » (vers 436-437). Clothalde n'en a pas moins un sens vif et aigu de l'honneur personnel et des obligations qu'il impose ; il en incarne même, en dépit du parjure commis autrefois à l'égard de Violante, la conception la plus austère et la plus rigou-reuse : « ... un homme bien né, s'il a été outragé, ne vit plus... car une vie infâme n'est pas une vie » (vers 903-910). Mais, selon lui, comme il l'explique à Rosaure, un vassal ne peut exiger réparation de son suzerain. Car aussi bien, le Roi est tout à la fois le gardien et le dépositaire de l'honneur de ses sujets. Et le respect de ce devoir s'inscrit d'ailleurs au cœur du destin du prince de Pologne quand il proclame : « Rosaure est sans honneur ; à un prince il convient

davantage, non d'enlever, mais de donner l'honneur. Vive Dieu !
de son honneur je ferai la conquête, avant que de ma couronne »
(vers 2985-2990). Paroles capitales qui montrent comment, sous le
sceau de l'honneur, les destins de Sigismond et de Rosaure sont
indissociablement noués, en dépit des critiques aveugles qui ne
voient pas que les deux intrigues apparentes de *La vie est un songe*
forment un tout profondément cohérent.

On sait comment se conclut l'affaire. En décidant le mariage de
Rosaure et de son offenseur le duc Astolphe, le futur roi de Pologne
donne la preuve irréfutable de ses capacités à régner. L'honneur est
sauf ; tout est rentré dans l'ordre ; la société — ou plutôt son modèle
idéal — ne risque rien. Rosaure est noble, de même rang que celui
qui sera son époux. L'ordonnance impeccable des choses voulues
par Dieu et symbolisée par la monarchie, un instant troublée par les
passions des hommes, se rétablit dans son harmonie grandiose et
souveraine, où chaque chose, ainsi que dans quelque somptueuse
cathédrale baroque, occupe avec éclat la place qui lui correspond et
dont rien ne peut la déprendre, car tout l'équilibre du monde
sagement disposé par le grand architecte en serait ébranlé. *Caeli
enarrant gloriam Dei...*

D. — L'AMOUR

La vie est un songe n'est rien moins qu'un exposé philosophique
abstrait et désincarné. Le drame prend sa source au cœur des
passions et leur jaillissement tumultueux entraîne sans répit l'action
et ses rebondissements. L'amour, avec son cortège de désirs, de
jalousies, de tromperies, de tourments et de retournements, est au
centre de tous ces bouleversements. Et de l'emportement brutal au
renoncement désintéressé, de la galanterie fleurie à la passion
aveugle, de la tendresse à la fureur, de l'extase à l'insulte, il
présente plusieurs de ses nombreux visages.

A l'exception de Clarín le solitaire et du roi Basyle « plus porté
sur l'étude qu'adonné aux femmes » (vers 536-537), tous les
personnages ont été ou bien sont encore la proie de l'amour, de ses
pièges, de ses jeux ou de ses ravages. Clothalde et Astolphe en sont
mieux protégés, l'un par son âge, l'autre par son égoïsme et son
ambition politique. Rosaure et Etoile y sont tout entières livrées et
n'aspirent qu'à retrouver la paix de leur cœur et de leurs sens.
Quant à Sigismond, l'amour est la clé de sa destinée ; ce n'est que
grâce à lui — en s'y jetant d'abord à corps perdu puis en se
détachant — qu'il se rendra libre.

La beauté féminine exerce d'emblée sur le Prince un effet magique. Lors de sa première rencontre avec Rosaure l'amour s'empare de lui de façon foudroyante. Tel est le propre des âmes passionnées pour lesquelles Calderón a une prédilection et auxquelles resteront toujours étrangères — il le montre aussi — les âmes vulgaires. La passion d'un seul coup porte Sigismond d'un extrême à l'autre de lui-même. Etoile provoque en lui le même ravissement ; la beauté, à ses yeux, a des reflets divins ; son langage en est métamorphosé. Lorsque Clarín demande au Prince quelle est la chose qui l'a le plus charmé de toutes celles qu'il a découvertes dans sa nouvelle existence à la Cour, il répond sans hésiter : la beauté de la femme, en qui il voit le ciel en raccourci (vers 1561 et svt.) L'amour se déchaîne encore en Sigismond lors de sa deuxième rencontre avec Rosaure : c'est une adoration, un émerveillement, une re-connaissance au sens platonicien ; la beauté féminine est un reflet du monde des idées. Quand il aura appris à dompter l'instinct impétueux qui l'a fait se jeter comme une bête sur Rosaure et qui s'allume encore brutalement en lui quand il la voit pour la troisième fois, Sigismond aura accompli la dernière étape de sa conversion.

L'intrigue amoureuse donne lieu, dans la pièce, à des comportements, des façons de dire ou de se conduire, des jeux de scène ou des situations sans cesse repris dans la *Comedia* : travestis, naissances illégitimes, fausses promesses de mariage, disputes, rivalités, subterfuges, déguisements, quiproquos, tentatives de viol, déclarations enflammées, lamentations désolées..., on reconnaît là tout l'attirail inépuisable d'effets ou de procédés dramatiques auxquels Lope de Vega avait habitué le public des *corrales*, et que Tirso de Molina et Calderón devaient reprendre à leur manière, sans renier le maître.

La pièce se termine sur l'intervention de Sigismond, jouant ici encore un rôle habituel dans la *Comedia* : celui du Roi marieur, distribuant la justice aux fidèles sujets : « Qu'Astolphe sur-le-champ donne la main à Rosaure... Et pour qu'Etoile trouve consolation..., donne-moi la main » (vers 3258 et s.).

Ici encore éclate le génie de Calderón, qui tout en respectant les conventions et les préjugés les plus couramment portés à la scène par les dramaturges du Siècle d'Or, a su donner à son drame un sens entièrement nouveau, une dimension tragique spirituelle et psychologique sans égale dans le théâtre de son temps.

V

STRUCTURE ET SIGNIFICATION

Comme un jeu de reflets se reflétant à l'infini, le chef-d'œuvre de Calderón fascine et déroute à la fois, séduit et inquiète l'esprit : « car toute la vie est un songe, et les songes ne sont que songes » (vers 2186-2187)...

Avant de proposer sa propre thèse, Angel L. Cilveti résume les diverses interprétations auxquelles a donné lieu *La vie est un songe* ; elles peuvent se ramener à trois : — l'interprétation philosophico-théologique, selon laquelle « Sigismond illustre poétiquement les problèmes de la prédestination, de l'influence des astres, et du libre arbitre qui préoccupaient le XVIIe siècle. » ; — l'interprétation politique : « Sigismond représente deux conceptions antagonistes du pouvoir politique : machiavélisme et prudence chrétienne. La seconde est la conception de la vie comme songe, qui finit par dominer l'orgueil machiavélique par la désillusion *(desengaño)* et qui sert de base à la conduite exemplaire du prince. » ; — enfin l'interprétation morale, la seule qui propose une « vision organique » de la pièce, et qui peut se résumer ainsi : « Sigismond échoue dans sa tentative de faire valoir ses passions et son orgueil, et cette expérience l'oblige à accepter les lois morales objectives ; Basyle, fier de sa science, prétend dominer le sort de son fils, sans compter avec la liberté de celui-ci, mais la mort de Clarín le réveille de sa présomption. A l'exception de Rosaure et Clothalde, dont la conduite obéit à des principes moraux, les autres personnages dorment le songe de leur vanité, dont la désillusion les réveille[1]. » Angel L. Cilveti, pour sa part, consacre une étude importante à exposer et à défendre sa propre interprétation ; le thème principal serait, d'après lui, « celui de la difficulté de trouver à la vie son véritable sens chrétien[2] ». « La pièce s'achève quand les personnages s'éveillent au sens de la vie chrétienne... Elle est l'allégorie de la découverte de l'ordre de la Providence dans la vie humaine, principe de la conduite morale[3]. »

---

1. *La vida es sueño*. Ed. Angel L. Cilveti, Salamanca, Ed. Anaya, 1970, p. 16 et s.
2. Angel L. Cilveti, *El significado de La vida es sueño*, Valencia, Albatros ed. 1971, p. 13.
3. *La vida es sueño*, Ed. Angel L. Cilveti, pp. 20-21.

Sans exclure aucunement ces points de vue, encore qu'il conviendrait de les discuter en détail (on a fait remarquer en particulier que *La vie est un songe* offre un sens complet en dehors de toute perspective chrétienne), une lecture attentive à l'articulation intime des scènes entre elles et à la dynamique inconsciente selon laquelle agissent les personnages, permet de révéler, sous le tumulte et la fureur, sous le désordre et l'incertitude, une armature rigoureuse, une structure très cohérente, d'où se dégage un sens premier qui est comme le fondement même de l'œuvre. Le thème essentiel de *La vie est un songe* est de montrer comment, en dépit de la tyrannie sans pitié de son père, un fils parvient à devenir libre, et après lui avoir pardonné, à prendre la place qui lui revient de droit. Autrement dit *La vie est un songe* met en action, comme « *Œdipe-Roi* de Sophocle, comme *Hamlet* de Shakespeare, ou comme bien d'autres tragédies, une modalité particulière du mythe œdipien[1]. Dans cette optique les explications religieuses, allégoriques, symboliques ou éthiques de Angel L. Cilveti et de ses prédécesseurs, sont des interprétations analogiques dans la mesure où elles ignorent ou méconnaissent le conflit qui se pose et qui se résout, au niveau profond, dans le destin de Sigismond, et autour duquel se disposent, comme une sorte de constellation, les autres personnages.

Ce qui donne ses résonances universelles et son effet le plus saisissant à *La vie est un songe* est précisément cet enracinement dans ce qui constitue le drame humain par excellence[2]. Le paradigme œdipien formé ici par la Tour, le Roi et le Prince, préside à l'organisation de tout l'ensemble. La fatalité qui pèse sur Sigismond, tout autant d'ailleurs que sur Rosaure, « l'implacable chemin que tracent les lois du destin » (vers 12), n'est autre que le maléfice du triangle dont ils triomphent l'un et l'autre, l'un par l'autre. On voit donc à quel point la critique est aveugle qui croit que l'on peut dissocier l'intrigue dont Rosaure est l'héroïne de celle de Sigismond. Les deux intrigues sont en quelque sorte les répliques parallèles et complémentaires de la même tragédie

1. Cf. Ernest Jones, *Hamlet et Œdipe*, Paris, Gallimard, 1967. — André Green, *Un œil en trop. Le complexe d'Œdipe dans la tragédie*, Paris, Ed. de Minuit, 1969.

2. « Le "complexe d'Œdipe" dont on ne conteste plus guère aujourd'hui qu'il est par excellence le drame humain... », **Marthe Robert**, *D'Œdipe à Moïse, Freud et la conscience juive*, Paris, Calmann-Lévy, 1974, p. 24.

inconsciente dont *La vie est un songe* offre la résolution symbolique : la reconnaissance et l'observance de ce que l'on pourrait
appeler la Loi du Père, bafouée par Basyle et Clothalde, rétablie par
Sigismond, et qui n'est autre que l'acceptation de la réalité et de ses
aléas.

Il est curieux de remarquer aussi que si le comportement des
personnages permet d'induire, dans la pièce, le jeu de l'in-
conscient, celui-ci, à plusieurs reprises affleure de manière plus
explicite, dans leur conduite ou leurs paroles, selon ses manifesta-
tions habituelles qui sont ici nombreuses : le mot d'esprit (les
plaisanteries du valet bouffon); le rêve (rêve prémonitoire de
Clorilène avant la naissance de Sigismond, vers 667-675 ; rêve de
Sigismond, où il parle en dormant et menace Clothalde et le Roi,
vers 2064-2067 et 2072-2077 ; cauchemar de Clarín en prison, vers
2204-2211); ou encore le lapsus ou l'acte manqué (lapsus de
Clothalde à propos de l'épée de Rosaure et dont il se reprend, vers
923-925 ; Rosaure a peut-être saisi là un signe imperceptible
déclenchant en elle un trouble qu'elle ne comprend pas et un élan
soudain de confiance envers celui qu'elle ne sait pas encore cons-
ciemment être son père, vers 962-973 ; « oubli » ou « provocation
inconsciente » d'Astolphe, arborant sur sa poitrine le portrait de
Rosaure tandis qu'il fait sa cour à Etoile, se laissant ainsi démas-
quer, vers 573-574 ; méprise fort invraisemblable enfin des soldats
révoltés prenant Clarín pour Sigismond, vers 2234 et s.). A cela il
faudrait ajouter un autre lapsus, à mettre cette fois, non pas au
compte d'un personnage, mais de Calderón lui-même et qui lui fait
donner le même nom, Clorilène, à l'épouse du roi Basyle et à la
propre sœur de celui-ci, la mère d'Etoile, vers 521 et 660. « Sans
doute s'agit-il d'une confusion de l'auteur » écrit Martín de Riquer.
Le nom, on le sait, provient très vraisemblablement du livre de
Enrique Suárez de Mendoza *Eustorgio y Clorilence, historia moscovita* (1629) dont le dramaturge, comme l'a montré J.A. van Praag, a
dû s'inspirer ; le lapsus n'en est pas moins significatif, d'autant plus
que l'on sait l'importance du thème de l'inceste dans l'univers
dramatique de Calderón. Cette observation doit conduire à s'inter-
roger sur tout ce qui dans *La vie est un songe* relève de la vie
psychique du poète lui-même. A cet égard d'intéressantes observations ont déjà été faites, principalement par O. Rank, A. Valbuena
Prat et A.L. Constandse sur la personnalité despotique du père de
Calderón et sur ses relations avec son fils. Mais on sait à quel point
la biographie du poète demeure encore obscure...

Le schéma figuré (cf. p. 43) des relations entre les personnages permet de se représenter ainsi la structure thématique :

— S^1 et S^2 : « conversion » de Sigismond opérée grâce à l'amour qu'il éprouve pour Rosaure et grâce au renoncement à cet amour. Rosaure en effet représente pour lui la femme « interdite » par le tabou de l'honneur : elle doit devenir la femme d'Astolphe. Le passage de S^1 à S^2 ne peut se réaliser que par l'intermédiaire de Rosaure — substitut de la mère ou objet transitionnel — qui permet à Sigismond de quitter la mère symbolique (la tour) où le Roi Basyle le tient reclus. En fait, dans l'évolution pleine de vicissitudes du Prince héritier, il faudrait distinguer cinq étapes : 1) Arrivée inopinée de Rosaure déchaînant des émotions de la plus extrême violence : désir de la tuer et élan de tendresse ; c'est sous le signe de cette ambivalence que naît la passion de Sigismond pour Rosaure. 2) Mise à l'épreuve : déchaînement de fureur, désir d'humilier son père et de tuer, sinon le roi lui-même, du moins les représentants de celui-ci, meurtre, tentative de viol. Sigismond ne pouvait évidemment pas se comporter autrement, au point que l'on peut se demander dans quelle mesure le roi Basyle, contrairement aux apparences, ne souhaite pas en fait l'échec de l'expérience. Première rencontre avec Etoile ; émerveillement devant sa beauté. 3) Retour en prison. Tout paraît faux à Sigismond sauf l'amour qu'il a éprouvé pour une femme. Cet amour est en effet la seule relation intersubjective réelle qu'il ait eue. 4) Délivrance de la tour. Troisième rencontre avec Rosaure. Violent conflit intérieur ; Sigismond renonce enfin à Rosaure au profit d'une valeur supé-rieure, l'honneur de celle-ci, autrement dit par la reconnaissance d'un interdit similaire à l'interdit œdipien. 5) Sigismond peut maintenant pardonner à son père ; celui-ci le reconnaissant comme Prince héritier permet « le dénouement normal du complexe d'Œdipe : la succession au père en ligne droite[1]. » Il peut désor-mais décider de sa destinée et aimer une autre femme ; il choisit d'épouser Etoile (E).

— R : Rosaure est prise elle aussi dans la configuration du « triangle éternel » ; son destin est symétrique de celui de Sigis-mond ; son père, Clothalde, incapable de défendre son honneur, veut l'envoyer au couvent, de même que Basyle renvoie Sigismond dans la tour ; Rosaure aime Sigismond mais c'est lui qui prenant en charge son honneur, en lieu et place de son père, dénoue le conflit

1. E. Jones, *op. cit.*, p. 89.

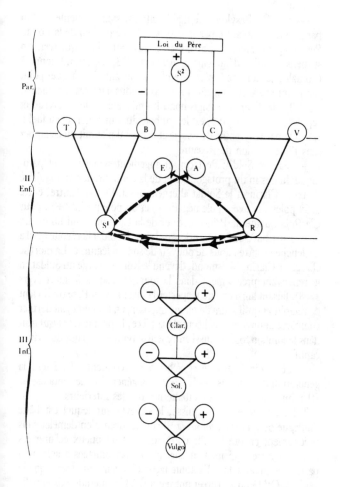

dont elle est prisonnière ; ayant recouvré son honneur, en épousant Astolphe (A), Rosaure échappe au destin auquel la faiblesse et la lâcheté de Clothalde l'avaient condamnée, tout autant que sa mère Violante (V).

— B et C : Basyle et Clothalde offrent, symétriquement, l'un par sa tyrannie, l'autre par sa faiblesse, le même déni de la Loi du Père risquant ainsi de provoquer la « catastrophe » qui reste en suspens jusqu'au dénouement. Au vers 2393, Sigismond donne à Clothalde le nom de « père » *(padre)* montrant ainsi à quel point son propre père et son geôlier sont confondus dans ses sentiments.

— T : la Tour, que Sigismond lui-même appelle « berceau et sépulcre » (vers 195-196) est le symbole du sein maternel auquel il est voué par la tyrannie de Basyle et auquel il n'aurait pu échapper sans l'intervention de Rosaure.

— Clar. et Sold. : de façon étrangement symétrique et parodique du destin du protagoniste et de la configuration triangulaire de base, Clarín et le Soldat alternent aussi, l'un et l'autre, entre deux pôles : *la tour*, (pôle négatif −) et un pôle positif (+) : pour Clarín la qualité de Prince héritier de la Couronne qui lui est un instant attribuée de façon burlesque ; pour le soldat la révolte qu'il a déclenchée contre l'abus de pouvoir de son roi légitime. La mort se charge de Clarín ; Sigismond, devenu le Roi, se charge du Soldat en le renvoyant précisément dans la tour, et jusqu'à la mort (vers 3298), faisant ainsi encore respecter la juste Loi du Père qu'il vient de rétablir et qu'il saura de même imposer, on le devine, au dernier comparse anonyme et collectif de la pièce, le peuple *(el vulgo)* qui, dans le lointain, oscille aussi entre le Roi tyran et la Tour du Prince captif.

— Les trois étages de ce schéma représentent : I : Par. : la génération des parents. — II : Enf. : la génération des enfants. — III : Inf. : le monde des subalternes ou des inférieurs.

Tel est, brièvement esquissé, le canevas sur lequel est bâtie l'intrigue de *La vie est un songe*. Il conviendrait d'en démêler plus précisément encore les fils entrecroisés et de mieux éclairer les forces obscures qui incitent chacun des personnages à agir ou à parler comme il le fait. De toute façon c'est sur cette trame que le génie de Calderón a su créer une œuvre où l'inquiétude existentielle et l'angoisse métaphysique s'insèrent naturellement dans la problématique des puissances de l'âme.

VI

LA MISE EN SCÈNE

L'action, on l'a vu, se partage essentiellement entre deux hauts lieux dramatiques, qui sont comme les deux pôles symboliques de la pièce : la montagne sauvage et la tour solitaire d'une part, d'autre part le palais royal. De l'un à l'autre l'alternance et l'opposition désignent le duel invisible entre l'instinct et la raison; un personnage le dit expressément : « ... c'est la même distance entre l'homme et la bête qu'entre une montagne et un palais. » Ce partage entre les forces aveugles des passions et la pure clarté de la réflexion, qui marque en filigrane tout le drame, s'inscrit aussi dans de nombreux aspects du décor et de la mise en scène : le cheval emballé et la chute des cavaliers, la tour enténébrée, la flamme intermittente qui l'éclaire, les chaînes du prisonnier, les jeux complexes de la lumière, de la pénombre à l'éblouissement, des couleurs vivantes au noir de la nuit...

Le paysage, la nature, le grouillement de la vie animale, l'exubérance de la végétation, tout cela est souvent présent dans le langage poétique qui suscite ainsi, dans l'imagination, un monde, un univers, une cosmogonie. L'évocation du ciel, des astres, des cercles qu'ils parcourent donnent au drame, comme il arrive souvent chez Calderón, des dimensions d'infini. On observe aussi l'importance des praticables et des lointains : la porte de la prison, la fenêtre et le balcon du palais, la crête des monts alentours, une échappée, peut-être, sur la mer, une autre sur le ciel peuplé de signes invisibles. Il n'est pas indifférent non plus de constater que la pièce se termine dans un lieu intermédiaire entre la tour et le palais : le champ de bataille où s'affrontent à la fois, dans un dernier sursaut, les forces armées et les forces morales. C'est là que s'accomplit le triomphe de la sagesse, après tant de désastres.

Aux suggestions intenses des lieux de l'action s'ajoutent des effets dramatiques nombreux qui en rythment le cours. Chacune des journées voit se produire un ou plusieurs coups de théâtre qui retournent la situation de manière imprévisible : la décision inattendue du Roi, l'éclatement de la révolution... Les indications scéniques, assez laconiques il est vrai, n'en soulignent pas moins vigoureusement l'importance d'une mise en scène expressive : bruits de chaînes, voix à la cantonade, sonneries de trompette, aubades et chansons, roulements de tambours, coups de fusil, vacarme de la guerre...

Certains objets jouent ici un rôle particulièrement important. La chaîne qui attache Sigismond et dont on entend, avant même de voir le prisonnier, le bruit, rappelle à la fois l'injuste tyrannie du Roi et l'emprise de la fatalité dans le destin des hommes. L'épée que porte Rosaure et qu'elle remet à Clothalde est à la fois un signe de reconnaissance, comme dans les romans de chevalerie ou d'aventures, et symbole de la foi donnée, garantie de fidélité, gage de puissance et du triomphe de la loyauté sur la félonie[1]. Le médaillon qu'Astolphe porte sur son cœur permet de confondre l'imposteur ; il contribue aussi à accentuer le contraste entre l'illusion et la réalité, entre l'apparence et la vérité. La chaîne, l'épée, le portrait, ces trois objets symbolisent ainsi trois thèmes essentiels de la pièce : le déterminisme, la liberté, les reflets illusoires. Les choses ont de la sorte, pour Calderón, la même vertu démonstrative que les images, le style ou que la structure logique ou irrationnelle de l'œuvre.

Le mouvement scénique est lui-même très vif et suggestif : entrées, sorties, musique, bruits divers, éclairages, empoignades brutales, irruption des soldats, duels, agitation de la révolte, tout se déroule sur un rythme animé, scandé par les pauses des monologues ou des lamentations. Les apartés, surtout utilisés dans les comédies d'intrigue ou de cape et d'épée, sont rares ici.

Les costumes, selon la tradition de la *Comedia*, ne manquent pas d'être utilisés dans cet art, très spectaculaire, de la mise en scène. En particulier les peaux de bête qui couvrent Sigismond dans la prison et les habits de cour dont les domestiques l'habillent lors de son réveil au Palais provoquent un effet de contraste cher à Calderón. Le travesti de Rosaure au premier acte ou son déguisement, quand sous le nom d'Astrée elle sert au Palais, étaient aussi

1. Un passage de l'*auto sacramental de La vida es sueño* (1673) montre bien quelle était, à l'époque, la signification symbolique de l'épée : « FUEGO : Esta, Señor, es la espada/ de aquellos dos cortes, cuya/ cuchilla templada al Fuego,/ está del Alma tan pura,/ que no hay hierro que no ablande,/ no deshaga, no consuma/ y purifique. ENTEN-DIMIENTO : Sí, pero/ advierte que, si la empuñas,/ se significan en ella/ las cuatro Virtudes juntas :/ la hoja es la Justicia ; el pomo/ la Fortaleza, y si se aunan/ en ser la Templanza el puño,/ y la vaina la Cordura./ Si usas mal de ella, con ella/ te heriras : mas si bien usas,/ vencerás tus enemigos. »

des procédés qui plaisaient aux spectateurs de l'époque. Le visage masqué est un autre effet usuel dans l'arsenal de la *Comedia*; c'est ainsi qu'apparaissent, au premier acte, les soldats qui suivent Clothalde et qui ont tous « le visage recouvert »; c'est encore « la face enfouie sous sa cape » (*rebozado* à la mode espagnole) que le roi Basyle rend visite à son fils en prison avant qu'il ne s'éveille. Peu d'indications, sinon aucune, sont données sur le costume des autres personnages, mais l'*autor* de l'époque ne devait pas manquer de ressources pour habiller comme il convenait, en de luxueuses tenues d'apparat ou de guerre, Astolphe ou Etoile. Le Roi et Clothalde devaient porter sans doute l'habit noir de rigueur à la Cour du roi Philippe IV d'Espagne, rehaussé du blanc étincelant des fraises ou des golilles, et de l'or de la Toison d'Or, tels qu'on les voit dans les tableaux contemporains de Velazquez. Les peintres permettent aussi de s'imaginer les uniformes des soldats, des serviteurs, du valet bouffon, de la foule anonyme.

Le jeu des acteurs est toujours très éloquent. Les mouvements saccadés ou emportés, la mimique expressive des personnages sur la scène contrastent fortement avec quelques moments où les attitudes se figent dans la réflexion ou la méditation. Le jeu de Sigismond doit être particulièrement expressif. Morne ou gesticulant, immobile ou bien déchaîné on le voit alterner entre les comportements les plus opposés. La maîtrise qu'enfin il obtient sur son corps doit témoigner de l'empire qu'il a su conquérir sur lui-même. Moins démesuré, moins porté aux extrêmes, le jeu de Rosaure n'en est pas pour autant moins véhément; on y voit alterner des moments d'intense sensibilité et d'autres de fureur désespérée jusqu'au calme du cœur qu'elle obtient enfin. L'attitude d'Etoile doit être plus ferme et plus résolue, les mouvements d'Astolphe plus souples et plus sinueux, car il représente le héros précieux aux côtés du héros baroque.

VII

LE VOCABULAIRE ET LE STYLE

La richesse et la diversité du lexique, l'abondance des métaphores, la variété et l'ornementation du style caractérisent cette *comedia*. Le langage, alliant les mots et les façons de dire les plus simples aux tournures et aux vocables les plus recherchés, contribue à donner à *La vie est un songe* sa beauté et sa force expressive incomparables.

Détachons d'abord quelques mots clés, à valeur symbolique ou allégorique, qui rappellent les situations, les thèmes ou les motifs fondamentaux : *hipogrifo, encantada torre, fiera, hombre, fiera humana, cárcel, libertad, verdad, sueño, pompa, vanagloria...*

Le vocabulaire moral et affectif est très riche et nuancé. Le registre des passions, des sentiments, des émotions ou des états d'âme s'étend du paroxysme à la sérénité, de la frénésie à l'équanimité : *asombro, admiración, congoja, piedad, rigor, espanto, tirano, bárbaro, prudencia, templanza, entereza, apacible...* Selon l'usage de l'époque, le pluriel donne souvent à ces mots une valeur superlative très forte : *soberbias, humildades, furias, ansias, pesares, rigores, penas, congojas, afectos...*

Le vocabulaire de l'amour courtois est représenté par les mots couramment utilisés par les dramaturges du XVIIe siècle et qu'ils avaient hérités des poètes de la Renaissance : *dama, galán, finezas, guardar la fe, querer bien, ingrato, requiebro, adoración, favor...*

Le lexique de l'honneur, si abondant dans le théâtre de Calderón, se réduit ici à une série assez limitée : *honor, honra, bajeza, baja acción, infamia, fama, agravio, baldón, valor, villano, ruin, bien nacido, noble sangre, sangre generosa...* On peut y joindre quelques termes qui évoquent la monarchie ou la féodalité : *majestad, vasallo, jurar la obediencia, ley del homenaje...*

Deux catégories de termes techniques sont ici particulièrement bien illustrées : le vocabulaire de l'astrologie *(signos, influjo, hados, adivino, astrólogo, en triste punto nacido, tablas, horóscopo, pronosticar, inclinar presagio, vencer las estrellas...)* ; le vocabulaire de la guerre et de la vie militaire *(alcalde, guardas, lid, ardiente brío, tocar al arma, dar la batalla, escuadrón, combatir, cercar...)* On peut y ajouter quelques termes d'école ainsi que les expressions techniques des argumentations scolastiques, si typiques au demeurant du langage de Calderón : *razones, probar ; Luego... luego... pues... ; argüir, alegar, apurar el caso...*

L'inconstance de la fortune, le désabusement, l'illusion, le libre arbitre, voilà encore des thèmes chers à Calderón et dont le lexique ne se renouvelle guère : *dicha, desdicha, cielo inclemente, herida de la fortuna, forzar el albedrío, gloria fingida, ilusión, sombra, ficción, suerte inconstante...*

Selon un autre usage de l'époque, les mots sont souvent groupés par deux, constituant ainsi des sortes de doublets à valeur redondante, emphatique ou hyperbolique : *mi enojo y rigor, tu rigor y cólera, matices y colores, el que agravia y ofende, las peñas y riscos, os gobierne y os mande, los nobles y principales, engaño y traición, te favoreza y ampare, fuerza y vigor...* D'autres fois les mots sont rassemblés en groupes ternaires : *mísero, pobre y cautivo ; prudente, cuerdo y benigno ; con ingenio, estudio o arte ; Escucha, aguarda, detente ; le incita, mueve y alienta ; vil, infame, traidor ; de furia, de rigor y saña...* Plus rarement on trouve des groupements de quatre termes.

A part quelques rares diminutifs *(cadenita, enmascaradito...),* quelques mots ou quelques expressions appartiennent au langage familier ou populaire : *naide, hacer la deshecha, sois unos tales por cuales ; mequetrefe ; más que soy...* Clarín invente même un néologisme burlesque *(segismundar).*

A l'opposé, des souvenirs de l'antiquité ou de la mythologie rehaussent les tonalités tragiques : *Tales, Euclides, Timantes, Lisipo, Séneca, hipogrifo, Faetonte, atlante, gigante, fénix, Icaro, Aurora, Palas, Flora, Amor, sabio dios...*

Les métaphores ou les comparaisons précieuses ornent surtout les tirades de Sigismond, les discours du Roi ou les déclarations d'amour que fait Astolphe : *flor de pluma, etéreas salas, docto pincel, bajel de escamas, sierpe de plata, síncope del día, monumentos de plata, clarines de pluma, aves de metal, dosel de luceros, orbes de diamante, cuadernos de zafiro, rústicos obeliscos...* Le gongorisme trouve ici son apothéose éclatante.

Parmi les procédés de style les plus remarquables apparaît l'antithèse, pour laquelle Calderón a une prédilection et qui semble correspondre à une disposition très accentuée de son esprit à saisir, dans le même instant, les deux extrêmes opposés des sentiments ou des affects, ou bien à exprimer par leurs contraires une violence insolite : *sepulcro vivo, anegado entre incendios, esqueleto vivo, animado muerto, cuna y sepulcro...*

Outre l'emploi admirable des rythmes, des sonorités et de la mélodie des phrases dans le lyrisme ou le pathétique, on constate aussi un goût marqué ici pour l'assemblage des propositions construites selon une articulation rigoureuse où la principale est précédée ou bien suivie de plusieurs circonstancielles, relatives, complétives, consécutives. Cette subordination explicite, jamais excessivement complexe d'ailleurs, est toujours pratiquée avec habileté et élégance. A l'opposé de ces constructions périodiques où s'épanouit un art superbe de la rhétorique, le dialogue est souvent mené en formules concises, phrases nominales, répliques lapidaires dont l'effet est très naturel.

L'emploi des adjectifs contribue à donner à ce style sa valeur fortement expressive : *terrible, ingrato, altivo, necio, colérica, impaciente*... ; ou un relief inaccoutumé par l'alliance d'un mot concret et d'une épithète morale ou abstraite : *soberbios lazos, amorosos lazos, esferas perfetas, retórico el silencio, acero brioso, rayos excelentes*...

Ainsi tout le langage, manié avec la plus savante maîtrise, participe d'un art dramatique où tout est mis en œuvre pour émouvoir et séduire les sens et l'imagination afin de mieux toucher le cœur.

VIII

LA VERSIFICATION

Tableau des mètres.

Première journée.

Vers   1-102 : *silvas.*
Vers 103-272 : *décimas* (abbaaccddc).
Vers 273-474 : *romance* (assonance *a-e*).
Vers 475-599 : *quintillas* (ababa).
(abaab).
(aabba).
Vers 600-985 : *romance* (assonance *i-o*).

Deuxième journée.

Vers   986-1223 : *romance* (assonance *e-a*)
(sauf les vers 1218-1219 : fragment d'une *canción*).
Vers 1224-1547 : *redondillas* (abba).
Vers 1548-1723 : *silvas.*
Vers 1724-2017 : *romance* (assonance : *e-e*).
Vers 2018-2187 : *décimas* (abbaaccddc).

Troisième journée.

Vers 2188-2427 : *romance* (assonance *e-o*).
Vers 2428-2491 : *octavas reales* (abababcc).

Vers 2492-2655 : *redondillas* (abba).

Vers 2656-2689 : *silvas*.

Vers 2690-3015 : *romance* (assonance *o-a*).

Vers 3016-3097 : *redondillas* (abba) (les deux derniers vers de cette série se répètent).

Vers 3098-3319 : *romance* (assonance *a-a*).

A l'exception des sonnets et des tercets, toutes les formes métriques habituellement utilisées dans la *Comedia* au XVIIᵉ siècle se retrouvent ici : *silvas*, *décimas*, *romance*, *quintillas*, *redondillas*, *octavas reales*.

Les passages écrits en *silvas* correspondent à des scènes d'intense émotion dramatique où le sort paraît en suspens. Les trois rencontres de Sigismond et de Rosaure sont annoncées ou rapportées en ces rythmes frémissants.

Les deux suites de *décimas*, respectivement au premier et au deuxième acte, permettent de mettre en relief avec force et délicatesse les émois intérieurs et les inquiétudes de Sigismond. Le premier monologue du Prince offre la plus éclatante illustration de la tension lyrique à laquelle cette strophe ait jamais été portée dans toute la littérature espagnole.

Le *romance* est la forme prédominante ; toutes les séries sont octosyllabiques ; on remarquera la diversité des assonances, qui ne se répètent jamais ; cette variété contribue à écarter toute impression de monotonie ou de lenteur dans le développement de l'action.

Un seul passage, au premier acte, est écrit en *quintillas*, celui qui correspond à la première entrevue d'Astolphe et d'Etoile. La légèreté gracieuse de cette forme poétique s'adapte avec bonheur à la préciosité et au raffinement du langage et des personnages.

Une courte scène, enfin, au dernier acte, est composée en *octavas reales* ; ces rythmes majestueux et amples traduisent très adroitement l'agitation et l'émotion qui se sont emparées du palais à l'annonce de l'insurrection populaire.

Répartition des mètres.

	ACTE I	ACTE II	ACTE III	TOTAL	%
Silvas	102	176	34	312	9,40
Décimas	170	170	—	340	10,24
Romance	588	530	788	1 906	57,42
Quintillas	125	—	—	125	3,76
Vers de canción	—	2	—	2	0,06
Redondillas ...	—	324	246	570	17,16
Octavas reales .	—	—	64	64	1,92
Total	985	1 202	1 132	3 319	

IX

ÉTABLISSEMENT ET PRÉSENTATION DU TEXTE

1. Le texte publié ici est celui de l'édition princeps contenue dans : *Primera parte de comedias de don Pedro Calderón de la Barca, recogidas por don Joseph Calderón de la Barca, su hermano*, Madrid, Maria de Quiñones, 1636 ; cette édition princeps, d'après l'exemplaire conservé à la Bibliothèque Vaticane, a été reproduite dans l'ouvrage suivant : P. Calderón de la Barca, *Comedias*, A facsimile edition prepared by D.W. Cruickshank and J.E. Varey, vol. II, Greeg International and Tamesis Books, 1973. — Un exemplaire de la *Primera parte* existe également à la Bibliothèque de la Sorbonne [Cote : R. r. 171 in 8º] ; un troisième à la Bibliothèque Nationale de Paris [Cote : Rés. Yg. 66] et un quatrième à la Bibliothèque de Munich (abréviation : *Primera parte*).

2. Le texte de l'édition princeps a été fidèlement retranscrit par Milton A. Buchanan (Toronto, 1909) d'après l'exemplaire de la Bibliothèque Royale de Munich. L'édition de M.A. Buchanan donne aussi toutes les variantes de la seconde édition de *La vida es sueño* publiée, en 1636 également, à Saragosse dans : *Parte treinta de comedias famosas de varios autores* (abréviation : Z.), ainsi que les leçons de l'édition de Juan de Vera Tassis y Villarroel, publiée en 1685, dans : *Primera parte de comedias del célebre poeta español don Pedro Calderón de la Barca* (abréviation : V.T.).

3. L'édition de A.E. Sloman (Manchester, 1961) en plus des éditions précédemment citées, tient compte d'une réédition faite à Madrid de l'édition princeps, chez J. Sánchez, en 1640 de *Primera parte*... et qui est presque identique à celle-ci.

4. L'édition de Martín de Riquer (Barcelone, 1966) qui suit le texte de M.A. Buchanan, et celle de Angel L. Cilveti, (Madrid, 1970) lequel tient compte également de l'édition de A.E. Sloman, nous ont servi de modèles. Nous avons aussi tenu compte des observations de D.W. Cruickshank, *The text of La vida es sueño*, in P. Calderón de la Barca, *Comedias*, A facsimile edition..., Vol. I, Edward M. Wilson and D.W. Gruickshank, *The textual criticism of Calderon's comedias*, Greeg International and Temesis Books, 1973, pp. 79-94.

5. L'édition la plus couramment reproduite est celle de Juan Eugenio de Hartzenbusch, basée sur le texte de Juan de Vera Tassis, et contenue dans le tome VII de la *Biblioteca de Autores españoles* de Rivadeneyra, Madrid, 1848. J.E. Hartzenbusch, à son habitude, introduit dans la pièce des divisions en scènes et des indications scéniques, non dépourvues d'intérêt, mais que nous ne reprenons pas ici. L'édition de Martín de Riquer conserve, au contraire les divisions en scène d'Hartzenbusch et, en notes, certaines de ses indications scéniques.

6. L'édition de Max Krenkel, suivant le texte de Hartzenbusch, au tome I des *Klassische Bühnendictungen der Spanien* (Leipzig, 1881) contient de nombreuses références à d'autres œuvres de Calderón [Abréviation : Krenkel].

7. L'orthographe, l'accentuation et la ponctuation ont été modernisées ; les formes archaïques ont été conservées.

X

NOTE BIBLIOGRAPHIQUE

Outre la grande bibliographie de José Simón Díaz *Bibliografía de la literatura hispánica*, Madrid, 1950) et son édition abrégée (*Manual de bibliografía de la literatura española*, Barcelone, ed. Gustavo Gili, 1963), on consultera la très utile monographie intitulée : *Calderón de la Barca Studies (1951-1969), A critical survey and annotated bibliography*, par Jack H. Parker et Arthur M. Fox, University of Toronto Press, 1971.

Nous signalons simplement ici les principales éditions modernes et les traductions françaises de *La Vida es sueño* ainsi que les études critiques ou les articles les plus importants consacrés entièrement ou en partie à cette pièce.

A. — *Editions.*

MENÉNDEZ Y PELAYO, M., Madrid, 1881.
BUCHANAN, M.A., Toronto, 1909.
SLOMAN, A.E., Manchester, 1961.
CORTINA, A., Madrid, 1960 (Clás. Castellanos n° 138).
DUBOIS, L., Paris, Toulouse, Privat-Didier, 1963.
RIQUER, M. de, Barcelona, ed. Juventud, 2ᵉ ed., 1966.
VALBUENA BRIONES, A., Madrid, Aguilar, 1966.
RUIZ RAMÓN, F., Madrid, Alianza Editorial, 1967.
GASTON, R., Zaragoza, ed. Ebro, n° 13, 1968.
CILVETI, A.L., Salamanca, ed. Anaya, n° 3, 1970.
MORÓN, C., Madrid, Cátedra n° 57, 1977.
PORQUERAS-MAYO, A., Madrid, Espasa-Calpe, 1977.
RULL, E., Madrid, Alhambra, 1980.
VALVERDE, J.M., Barcelona, Planeta, 1981.
SUÁREZ MIRAMÓN, A., Madrid, Anaya, 1985.
ESCARPANTER, J.A., Madrid, Ed. Playor, 1982.
CHICHARRO CHAMORRO, D., Tarragona, Ed. Tárrago, 1982.
GARCÍA MARTÍN, J.M., Madrid, Ed. Castalia, 1983.
RODRIGUEZ CUADROS, E., Madrid, Ed. Espasa Calpe, Collección Austral, 1987.
HURTADO TORRES, A., Madrid, Alhambra, 1987.

B. — *Traductions et adaptations françaises.*

(Anonyme), Paris, 1718.
S. GUEULETTE, Th., Paris, 1729.
BOISSY, L. de, Paris, 1732.
DAMAS-HINARD, Paris, 1841.
LATOUR, A. de, Paris, Didier, 1873.
SANDRET, L., Paris, 1884-1886.
VASCO, L., Dunkerque, 1871.
ARNOUX, A., Paris, Grasset, 1945.
CAMP, Y. et A., Paris, s.d.
ARRABAL (texte inédit, mise en scène de SERREAU, Théâtre d'Epinal, 25 juin 1958.)

VERDEVOYE, P., Paris, éd. d'Art L. Mazenod, 1958.

VALENE, M.C. et CHAPRAK, A., Paris, L'Avant-scène, n° 258, 1962.

ZINS, C., Paris, Gallimard, 1982.

C. — *Etudes d'ensemble.*

BANDERA, C., *Mímesis conflictiva*, « Ficción literaria y violencia en Cervantes y Calderón », Madrid, Gredos, 1975.

BERGAMÍN, J., *Lázaro, don Juan y Segismundo*, Madrid, Tauris, 1959.

BERENGUER, Angel, *Autoridad y libertad (Estructuras de la « La Vida es sueño »)*, Universidad de Granada, Curso de estudios Hispanicos, 1981.

BODINI, V., *Segni e simboli nella « Vida es sueño »*, Bari, Adriatica ed., 1968.

CALDERÓN, *Actas del « Congreso internacional sobre Calderón y el teatro español del Siglo de Oro. »* (Madrid, 8-13 de junio de 1981). Publicadas bajo la dirección de Luciano García Lorenzo. Madrid, Consejo Superior de investigaciones, 1983, 3 tomos.

CILVETI, A.L., *El significado de La Vida es sueño*, Valencia, Albatros ed., 1971. (Voir le compte rendu de Marc VITSE, *Caravelle* 19, Université de Toulouse-Le-Mirail, 1972, pp. 229-233.)

CONSTANDSE, A.L., *Le baroque espagnol et Calderón de la Barca*, Amsterdam, 1951.

COTARELO Y MORI, E., *Ensayo sobre la vida y obras de D. Pedro Calderón de la Barca*, Madrid, 1924.

DURÁN, M. y GONZÁLEZ ECHEVERRÍA, R., *Calderón y la crítica. Historia y Antología*, Madrid, Gredos, 1976, 2 vols.

FARINELLI, A., *La Vita è un sogno*, Torino, Bocca, 1916.

FRUTOS CORTES, E., *Calderón de la Barca*, Barcelona, ed. Labor, 1949.

La filosofía de Calderón en sus autos sacramentales, Zaragoza, Inst. Fernando el Católico, 1952.

GARCÍA LUCIO, Javier, *Claves de La Vida es sueño*, Madrid, Ciclo Editorial, 1990.

MENÉNDEZ Y PELAYO, M., *Calderón y su teatro*, Buenos Aires, Emecé, 1946.

OLMEDO, F., *Las fuentes de « La Vida es sueño »*, Madrid, Voluntad, 1928.

PARKER, A.A., *The allegorical drama of Calderón*, Oxford, The Dolphin Book, 1943.

PAILLER-STAUB, Cl., *La Question d'amour dans les comedias de Calderón de la Barca*. (Thèse pour le Doctorat de troisième cycle soutenue devant l'Université de Besançon), Paris, Les Belles Lettres, 1974.

RICH GREER, Margaret, *The Play of Power. Mythological Court Dramas of Calderón de la Barca*, 1991.

SAUVAGE, M., *Calderón dramaturge*, Paris, l'Arche, 1959.

SLOMAN, A.P., *The Dramatic Craftsmanship of Calderón*, Oxford, The Dolphin Book, 1958.

SOUILLER, Didier, *La dialectique de l'ordre et de l'anarchie dans les œuvres de Shakespeare et de Calderón*, Berne.-Francfort-s.Main.-New York, Editions Peter Lang, 1985, Publications Universitaires européennes, Série XVIII, Littérature comparée Vol. 42.

VALBUENA BRIONES, Angel, *Ensayo sobre la obra de Calderón*, Madrid, Editora Nacional, 1958, Colección « O crece, o muere ».

VALBUENA BRIONES, A.J., *Perspectiva crítica de los dramas de Calderón*, Madrid, Rialp, 1965.

VALBUENA PRAT, A., *Calderón, su personalidad, su arte dramático, su estilo y sus obras*, Barcelona, ed. Juventud, 1941.

VALBUENA PRAT, A., *Calderón in Historia General de las Literaturas Hispánicas*, publicada bajo la dirección de D. Guillermo Diaz-Plaja, Barcelona, ed. Vergara, III, 1968.

VITSE, M., *Segismundo y Serafina*, Toulouse, *Université de Toulouse-Le-Mirail, 1980*.

D. — *Articles. Essais.*

Diverses études dans : *Ordre et révolte dans le théâtre espagnol du Siècle d'Or*, (Actes du 1er Colloque du G.E.S.T.E. Toulouse, 20-21 janvier 1978). Université de Toulouse-Le-Mirail, 1978.

ALONSO, D., « La correlación en el teatro calderoniano », in *Seis calas en la expresión literaria española*, Madrid, Gredos, 1956, pp. III-175.

AUBRUN, Ch.V., « La langue poétique de Calderón, notamment dans La vida es sueño », in *Réalisme et poésie au théâtre*, Paris, 1960, pp. 61-75.

BANDERA, C., « El itinerario de Segismundo en La vida es sueño », in *Hispanic Review*, Philadelphia, 1967, pp. 69-84.

CASALDUERO, J. DE, « Sentido y forma de La vida es sueño », in *Estudios sobre el teatro español*, Madrid, Gredos, 2ᵉ édit., 1967, pp. 169-1790.

CILVETI, A.L., « La función de la metáfora en La vida es sueño », in *Nueva Revista de Filología Hispánica*, T. XXII, 1973, nº 1, pp. 17-38.

DUNN, P.N., « The Horoscope Motif in La vida es sueño », in *Atlante*, London, 1953, I, pp. 187-201.

GARCIA-BARROSO, M., « La Vie est un songe. Un essai psychanalytique », in *Revue Française de psychanalyse*, tome XXXVIII, 5-6, sept.-déc. 1974, pp. 1155-1170.

GENDREAU-MASSALOUX, Michèle, « Rosaura en *La vida es sueño* : significado de una dualidad », in *Actas del Congreso Internacional sobre Calderón y el teatro español del Siglo de Oro*, Madrid, C.S.I.C. 1983, t. II, p. 1039-1048.

HALL, H.B., « Segismundo and the Rebel Soldier », in *Bulletin of Hispanic Studies*, Liverpool, 1968, pp. 189-200.

HESSE, E.W., « La concepción calderoniana del príncipe perfecto en La vida es sueño », in *Clavileño*, Madrid, 1953, IV, pp. 4-12.

HESSE, E.W., « La dialéctica y el casuismo en Calderón », *in Calderón y la crítica. Estudio y antología*. Edición de M. Duran y R. Gonzalez Echevarria, Madrid, Gredos, 1976, t. II, p. 563-581.

HESSE, E.W., « La realidad psíquica en *La vida es sueño* » y « El arte del metateatro en *La vida es sueño* » in *Interpretando la Comedia*, Madrid, Porrúa, 1977, p. 99-130.

JOLY, M., « A propos d'une leçon erronée de La vida es sueño », in *Les langues néo-latines*, nº 174, 1965, pp. 69-72.

MINGUET, Ch., « Interprétations de La vida es sueño », in *Les langues néo-latines*, nº 138, juin 1956, pp. 15-30.

MAURIN, M.S., « The monster, the sepulchre and the dark : Related patterns of imagery in La vida es sueño », in P. Calderón de la Barca, *Comedias...*, vol. XIX, Critical studies..., Gregg and Tamesis, 1973, pp. 133-149.

MOLHO, M., « Sigismond ou l'Œdipe sauvage. » *Ibérica II*, 1979, Université de Paris IV-Sorbonne, 1979, p. 129-136.

PARKER, A.A., « The Father-son Conflict in the Drama of Calderón », in *Forum for Modern language Studies*, University of Saint Andrews, II, 1966, pp. 101-114. « Calderón Rebel Soldier and Poetic Justice », in *Bulletin of Hispanic Studies*, 1969, pp. 120-127.

PRAAG, J.A. van, « Otra vez la fuente de La vida es sueño », in
    Homenaje a Dámaso Alonso, III, Madrid, 1963, pp. 551-562.
PRING-MILL, R.D.F., « Los calderonistas de habla inglesa y La
    vida es sueño : métodos del analisis temático-estructural », in
    Litterae Hispanae et Lusitanae, München, 1968, pp. 369-413.
REYES, A., « Un tema de La vida es sueño. El hombre y la
    naturaleza en el monólogo de Sigismundo, » in *Revista de
    Filología Española*, Madrid, 1917, IV, pp. 1-25, 237-276, repris
    dans *Obras completas*, VI, Mexico, 1957, pp. 182-248.
SCIACCA, M.F., « Verdad y sueño en La vida es sueño », in
    Clavileño, Madrid, 1950, I, pp. 1-19.
SESÉ, B., « Sigismond et Œdipe. Essai de lecture psychanalytique
    de *La Vie est un songe* de Pedro Calderón de la Barca. » Crisol
    nº 5, Université de Paris X-Nanterre, octobre 1986, p. 5-9.
SHERGOLD, N.D., « La vida es sueño : ses acteurs, son théâtre et
    son public », in *Dramaturgie et société*, Paris, C.N.R.S., 1958,
    pp. 93-109.
SLOMAN, A.E., « The Structure of Calderon's La vida es sueño »,
    in *Moderne Language Review*, Cambridge, 1953, XLVIII,
    pp. 293-300.
THOMAS, L.P., « La genèse de la philosophie et le symbolisme
    dans La vie est un songe », in *Mélanges offerts à M. Wilmotte*,
    Paris, H. Champion, 1910, pp. 751-783.
WARDROPPER, B.W., « Apenas llega, cuando llega a penas », in
    Modern Philology, Chicago, 1969, LVII, pp. 241-244.
WHITBY, W.M., « Rosaura's Role in the Structure of La vida es
    sueño », in *Hispanic Review*, Philadelphia, 1960, XXVII,
    pp. 16-27.
WILSON, E.M., « The four Elements in the Imagery of Calderón »,
    in *Modern Language Review*, Cambridge, 1936, XXXI,
    pp. 34-47.
    « La vida es sueño », in *Revista de la Universidad de Buenos
    Aires*, 1946, IV, pp. 61-78.
    « La poesía dramática de Don Pedro Calderón de la Barca"* », in
    Litterae Hispanae et Lusitanae, München, 1968, pp. 487-500.
E. — *Editions et traductions françaises d'autres œuvres de
                                  Calderón.*
*Trois autos sacramentales (La vida es sueño, La cena del Rey Baltasar,
    El Gran teatro del mundo)*, publiés, traduits et annotés par
    Mathilde Pomès, Paris, Librairie C. Klincsieck, 1957.

L'Alcade de Zalamea (El Alcalde de Zalamea), introduction, traduction et notes par Robert Marrast, Paris, Aubier, éd. Montaigne, collection bilingue, 1959, et Aubier-Flammarion, 1959.

Le Schisme d'Angleterre, traduction de Robert Marrast et A. Reybaz, Paris, L'Arche, 1960, Collection « Répertoire pour un théâtre populaire ».

Eco y Narciso, préface, édition et notes de Charles V. Aubrun, Paris, Institut d'Etudes hispaniques, 1961.

La estatua de Prometeo, préface, édition et notes de Charles V. Aubrun, Paris, Institut d'Etudes hispaniques, 1965.

Le magicien prodigieux (El Mágico prodigioso), édition, introduction, traduction et notes par Bernard Sesé, Paris, Aubier, éd. Montaigne, collection bilingue, 1969.

Le Prince Constant (El Príncipe Constante), édition, introduction, traduction et notes par Bernard Sesé, Paris, Aubier, 1989.

Le Médecin de son honneur (El Médico de su honra), édition, introduction, traduction et notes par Bernard Sesé, Paris, Aubier (à paraître).

F. — *Divers.*

AUBRUN, Ch.V., *La comédie espagnole* (1600-1680), Paris, P.U.F., 1966.

CHEVALIER, Maxime, *L'Arioste en Espagne* (1530-1650), *Recherches sur l'influence du « Roland furieux »*, Institut d'Etudes ibériques et ibéro-américaines de l'Université de Bordeaux, 1966.

CIORANESCU, Alejandro, *El Barroco o el descubrimiento del drama*, Universidad de la Laguna, 1957.
  Calderón y el teatro clásico francés in *Estudios de literatura española y comparada*, La Laguna, 1954.

CORVIN, Michel, *Dictionnaire encyclopédique du Théâtre*, Paris, Bordas, 1991.

DUBOIS, Claude-Gilbert, *Le Baroque. Profondeurs de l'apparence*, Paris, Larousse, 1973.

FERNÁNDEZ ALVAREA, M., *La sociedad española en el Siglo de Oro*, Madrid, Ed. Nacional, 1983.

GREEN, André, *Un œil en trop. Le complexe d'Œdipe dans la tragédie*, Paris, Les éditions de Minuit, 1969.

JONES, Ernest, *Hamlet et Œdipe*, traduit de l'anglais par Anne-Marie Le Gall, préface de Jean Starobinski, Paris, Gallimard, 1967.

MAILLARD, Jean-François, *Essai sur l'esprit du héros baroque* (1580-1640). *Le même et l'autre*, Paris, A.G. Nizet, 1973.

MARAVALL, J.A., *La cultura del Barroco*, Barcelona, Ed. Ariel, 1975.

OROZCO DÍAZ, E., *Teatro y teatralidad del Barroco*, Barcelona, Planeta, 1969.

QUEROL, Miquel, *La Música en el Teatro de Calderón*, Diputacio de Barcelona, Institut del Teatre, Barcelona, 1981.

RANK, Otto, *Das Inzest-Motiv in Dichtung und Sage*. [Le thème de l'inceste dans la poésie et la légende], 1912.

RICO, Francisco, *Historia y crítica de la literatura española, 3, Siglos de Ora : Barroco*, Barcelona, Critica, 1983.

RISTAT, Jean, « Jouir, ô mort! », in *Qui sont les Contemporains*, Paris, Gallimard, 1975. (Sur une adaptation, une représentation et une mise en scène de *La Vie est un songe* par Jean Gillibert à Châteauvallon en 1970.)

ROBERT, Marthe, *D'Œdipe à Moïse. Freud et la conscience juive*, Paris, Calmann-Lévy, 1974.

RUIZ RAMÓN, F., *Historia del teatro español*, Madrid, Alianza editorial, 1967, 2 vols.
Estudios del teatro clásico y contemporáneo, Madrid, Cátedra, 1970.

SHERGOLD, N.D., *A History of the Spanish Stage, from medieval times until the end of the seventeenth century*, Oxford, At the Clarendon Press, 1967.

SESÉ, Bernard, *Vocabulaire de l'espagnol classique, XVIe et XVIIe siècles*, Paris, SEDES, 1975, 4e édition.

SOUILLER, Didier, *La littérature baroque en Europe*, Paris, P.U.F. 1988.
Calderón et le grand théâtre du monde, Paris, PUF, 1992.

VITSE, Marc, *Eléments pour une théorie du théâtre espagnol du XVIIe siècle*, Toulouse, France-Ibérie Recherche, 1988.

Le texte de cette traduction a été relu par Bernard GILLE, puis revu par Jean BOURG pour cette nouvelle édition. J'exprime ici à mes deux collègues, maîtres de conférences à l'Université de Paris-Sorbonne, mes vifs remerciements.

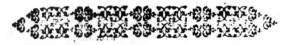

LA VIDA

ES SVEÑO.

COMEDIA FAMOSA,

De D. Pedro Calderon de la Barca.

Personas que hablan en ella.

Rosaura dama.	Clarin graciosa.
Segismundo Principe.	Basilio Rey.
Clotaldo viejo.	Astolfo Principe.
Estrella Infanta.	Guardas.
Soldados.	Musicos.

Sale en lo alto de un monte Rosaura en abito de hombre de camino, y en representando los primeros versos
va bajando.

    Ros. Hipogrifo violento,
      que corriste parejas con el viento,
      donde rayo sin llama,
      pajaro sin matiz, pez sin escama,
      y bruto sin instinto
      natural, al confuso laberinto
      de sus desnudas peñas,
      te desbocas, te arrastras, y despeñas;
                     A

Fac-similé d'après l'exemplaire de la *Primera parte* conservé à la bibliothèque de la Sorbonne (cliché Graphic-Photo).

LA VIDA ES SUEÑO

COMEDIA FAMOSA
DE
D. PEDRO CALDERÓN DE LA BARCA

PERSONAS QUE HABLAN EN ELLA

ROSAURA, dama.
SEGISMUNDO, príncipe.
CLOTALDO, viejo.
ESTRELLA, infanta.
SOLDADOS.

CLARÍN, gracioso.
BASILIO, rey.
ASTOLFO, príncipe.
GUARDAS.
MÚSICOS.

LA VIE EST UN SONGE

COMÉDIE FAMEUSE
DE
DON PEDRO CALDERÓN DE LA BARCA

PERSONNAGES DE LA PIÈCE

Rosaure, dame.
Sigismond, prince.
Clothalde, barbon.
Étoile, infante.
Des soldats.

Clarín, valet comique.
Basyle, roi.
Astolphe, prince.
Des gardes.
Des musiciens.

PRIMERA JORNADA

Sale en lo alto de un monte Rosaura en hábito de hombre de camino, y en representando los primeros versos va bajando.

Rosaura. Hipogrifo violento,
que corriste parejas con el viento,
¿dónde, rayo sin llama,
pájaro sin matiz, pez sin escama,
y bruto sin instinto   5
natural, al confuso laberinto
desas desnudas peñas
te desbocas, te arrastras y despeñas?
Quédate en este monte,
donde tengan los brutos su Faetonte;   10
que yo, sin más camino
que el que me dan las leyes del destino,
ciega y desesperada,
bajaré la cabeza enmarañada
deste monte eminente   15
que abrasa al sol el ceño de la frente.
Mal, Polonia, recibes
a un extrangero, pues con sangre escribes
su entrada en tus arenas;
y a penas llega, cuando llega apenas.   20
Bien mi suerte lo dice;
mas ¿dónde halló piedad un infelice?

PREMIÈRE JOURNÉE

Au sommet d'une montagne apparaît Rosaure habillée en homme, en costume de voyage, et tout en déclamant les premiers vers, elle descend.

ROSAURE. Hippogriffe violent,
   toi qui rivalisais d'ardeur avec le vent,
   où donc veux-tu, éclair sans flamme,
   oiseau sans nuance, poisson sans écaille,
   et brute sans instinct
   naturel, dans le labyrinthe confus
   de ces rocs dénudés,
   t'emballer, t'élancer et te précipiter?
   Demeure sur ce mont
   où les bêtes auront ainsi leur Phaéton,
   car moi, sans autre route
   que celle que me tracent les lois du destin,
   aveugle et désespérée,
   je descendrai la cime échevelée
   de ce mont éminent
   dont le soleil brûle le front sourcilleux.
   Pologne, tu reçois bien mal un étranger
   puisque c'est dans le sang que tu écris
   son entrée sur tes sables,
   et qu'à peine arrivé, il ne trouve que peines.
   Mon sort me le dit bien;
   mais où un malheureux trouva-t-il de pitié?

Sale Clarín, gracioso.

Clarín.   Di dos, y no me dejes
        en la posada a mí cuando te quejes;
        que si dos hemos sido   25
        los que de nuestra patria hemos salido
        a probar aventuras,
        dos los que entre desdichas y locuras
        aquí habemos llegado,
        y dos los que del monte hemos rodado,   30
        ¿no es razón que yo sienta
        meterme en el pesar, y no en la cuenta?

Rosaura. No quise darte parte
        en mis quejas, Clarín, por no quitarte,
        llorando tu desvelo,   35
        el derecho que tienes al consuelo;
        que tanto gusto había
        en quejarse, un filósofo decía,
        que, a trueco de quejarse,
        habían las desdichas de buscarse.   40
Clarín.   El filósofo era
        un borracho barbón.¡ Oh, quién le diera
        más de mil bofetadas!
        Quejárase después de muy bien dadas.
        Mas ¿qué haremos, señora,   45
        a pie, solos, perdidos y a esta hora
        en un desierto monte,
        cuando se parte el sol a otro horizonte?
Rosaura. ¡Quién ha visto sucesos tan extraños!
        Mas si la vista no padece engaños   50
        que hace la fantasía,
        a la medrosa luz que aún tiene el día,
        me parece que veo
        un edificio
Clarín.   O miente mi deseo,
        o termino las señas.   55
Rosaura. Rústico nace entre desnudas peñas
        un palacio tan breve,

Entre Clarín, valet comique.

CLARÍN.   Dis plutôt deux, et ne me laisse pas
   au rancart lorsque tu te plains;
   car si c'est bien à deux que nous avons quitté
   notre patrie
   pour courir l'aventure,
   à deux qu'au milieu des malheurs et des folies,
   nous sommes arrivés ici,
   et si nous avons bien dégringolé à deux
   de la montagne, n'est-il point juste
   que je me fâche de n'avoir part
   qu'aux ennuis et d'être quant au reste
   laissé pour compte?

ROSAURE.   Je ne voulais pas t'inclure
   dans mes plaintes, Clarín, pour ne pas t'enlever,
   en pleurant tes malheurs,
   le droit que tu as toi-même à la consolation.
   Il est tant de plaisir à se plaindre,
   disait un philosophe,
   que rien que pour le plaisir de se plaindre
   on devrait rechercher les malheurs.

CLARÍN.   Ce philosophe
   n'était qu'un vieil ivrogne;
   on lui flanquerait bien mille torgnoles!
   Et il pourrait toujours venir se plaindre ensuite.
   Mais qu'allons-nous faire, madame,
   à pied, seuls, égarés, à une heure pareille,
   sur une montagne déserte,
   alors que le soleil gagne l'autre horizon?

ROSAURE.   Qui a vu jamais si étranges événements!
   Mais si mes yeux ne sont point abusés
   par mon imagination,
   à la lueur timide que fait encore le jour,
   il me semble entrevoir
   un édifice.

CLARÍN.   Ou mon désir s'abuse,
   ou bien je peux moi-même en décrire la suite.

ROSAURE.   Au milieu de rochers dénudés se dresse
   un palais rustique si modeste

que el sol apenas a mirar se atreve;
con tan rudo artificio
la arquitectura está de su edificio   60
que parece, a las plantas
de tantas rocas y de peñas tantas
que al sol tocan la lumbre,
peñsco que ha rodado de la cumbre.

Clarín.   Vámonos acercando;   65
que éste es mucho mirar, señora, cuando
es mejor que la gente
que habita en ella, generosamente
nos admita.

Rosaura.   La puerta
—mejor diré funesta boca— abierta   70
está, y desde su centro
nace la noche, pues la engendra dentro

Suena ruido de cadenas.

Clarín.   ¡Qué es lo que escucho, cielo!
Rosaura.   Inmóvil bulto soy de fuego y hielo.

Clarín.   ¿Cadenita hay que suena?   75
Mátenme, si no es galeote en pena;
bien mi temor lo dice.

Dentro, Segismundo

Segismundo. ¡Ay mísero de mí, y ay infelice!
Rosaura.   ¡Qué triste voz escucho!
Con nuevas penas y tormentos lucho.   80

Clarín.   Yo con nuevos temores.
Rosaura.   Clarín…
Clarín.   Señora…
Rosaura.   Huigamos los rigores
desta encantada torre.
Clarín.   Yo aún no tengo
ánimo de huir, cuando a eso vengo.
Rosaura.   ¿No es breve luz aquella   85

qu'il ose à peine regarder le soleil.
L'architecture de l'édifice
est de si grossière façon
qu'au pied de tant de rocs
et de tant de rocailles
qui touchent le feu du soleil,
on dirait un rocher dévalé du sommet.

CLARÍN   Approchons-nous.
Nous avons assez regardé; il est temps
que les gens qui habitent ici,
nous offrent généreusement l'hospitalité.

ROSAURE.   La porte
(ou plutôt la gueule funeste)
en est ouverte, et de son centre
naît la nuit, car c'est là
qu'elle est engendrée.

On entend un bruit de chaînes.

CLARÍN.   Oh! ciel! qu'entends-je!
ROSAURE.   Je ne suis plus qu'une masse immobile
de feu et de glace.
CLARÍN.   Tiens, tiens, un petit bruit de chaîne?
Que l'on me tue si ce n'est pas
l'âme damnée d'un galérien.
Ma crainte me le dit assez.

Sigismond, en coulisse.

SIGISMOND.   Ah, malheureux de moi! Ah, misérable!
ROSAURE.   Quelle triste voix j'entends là!
Me voici en butte
à de nouvelles peines et de nouveaux tourments.
CLARÍN.   Et moi, à de nouvelles craintes.
ROSAURE.   Clarín...
CLARÍN.   Madame...
ROSAURE.   Fuyons les rigueurs
de cette tour enchantée.
CLARÍN.   Moi je n'ai même pas le courage de fuir,
quand je ne demande que cela.
ROSAURE.   N'est-ce pas une brève lumière,

caduca exhalación, pálida estrella,
que en trémulos desmayos,
pulsando ardores y latiendo rayos,
hace más tenebrosa
la oscura habitación con luz dudosa?   90
Sí, pues a sus reflejos
puedo determinar, aunque de lejos,
una prisión oscura
que es de un vivo cadáver sepultura;
y porque más me asombre,   95
en el traje de fiera yace un hombre
de prisiones cargado,
y sólo de la luz acompañado.
Pues huir no podemos,
desde aquí sus desdichas escuchemos;   100
sepamos lo que dice.

Descúbrese Segismundo con una cadena y luz,
vestido de pieles.

Segismundo. ¡Ay mísero de mí, y ay infelice!
    Apurar, cielos, pretendo,
ya que me tratáis así,
qué delito cometí   105
contra vosotros naciendo;
aunque si nací, ya entiendo
qué delito he cometido.
Bastante causa ha tenido
vuestra justicia y rigor;   110
pues el delito mayor
del hombre es haber nacido.
Sólo quisiera saber,
para apurar mis desvelos
—dejando a una parte, cielos,   115
el delito de nacer—,
qué más os pude ofender,
para castigarme más.
¿No nacieron los demás?
Pues si los demás nacieron,   120
¿qué privilegios tuvieron
que yo no gocé jamás?

que cette caduque exhalaison, cette pâle étoile,
dont les tremblantes défaillances,
aux pulsations de flammes, aux battements d'éclairs,
davantage enténèbrent
cet obscur habitacle, d'une clarté douteuse?
Oui, car à ses reflets
je puis distinguer, quoique de loin pourtant,
une prison obscure,
qui d'un vivant cadavre forme la sépulture; — *oxymore.*
pour que je m'étonne encore davantage,
un homme y est gisant dans un habit de bête, —
chargé de fers, et n'ayant seulement
qu'une lumière pour compagne.
Puisque nous ne pouvons pas fuir,
écoutons ici ses malheurs.
Sachons donc ce qu'il dit.

> *Apparaît Sigismond avec une chaîne, éclairé d'une lumière*
> *et revêtu de peaux de bêtes.*

SIGISMOND.   Ah!malheureux de moi, ah! misérable!
Ciel, je prétends tirer au clair,
puisque vous me traitez ainsi,
quel crime j'ai commis
contre vous en naissant;
et pourtant je comprends que ma seule naissance
est un crime assez grand;
votre juste rigueur
se justifie assez,
car le crime majeur
de l'homme est d'être né.
Je voudrais seulement savoir
pour tirer au clair mes chagrins
— en laissant, oh! ciel, de côté
le crime d'être né —,
en quoi j'ai pu vous offenser encore
pour me châtier davantage.
Les autres ne sont-ils point nés?
Et si donc ils sont nés aussi,
quels privilèges leur sont-ils impartis,
dont moi je n'ai jamais joui?

Nace el ave, y con las galas
que le dan belleza suma,
apenas es flor de pluma,   125
o ramillete con alas,
cuando las etéreas salas
corta con velocidad,
negándose a la piedad
del nido que deja en calma :   130
   ¿y teniendo yo más alma,
   tengo menos libertad?
Nace el bruto, y con la piel
que dibujan manchas bellas,
apenas signo es de estrellas,   135
gracias al docto pincel,
cuando, atrevido y crüel,
la humana necesidad
le enseña a tener crueldad,
monstruo de su laberinto :   140
   ¿y yo con mejor instinto
   tengo menos libertad?
Nace el pez, que no respira,
aborto de ovas y lamas,
y apenas bajel de escamas   145
sobre las ondas se mira,
cuando a todas partes gira,
midiendo la inmensidad
de tanta capacidad
como le da el centro frío :   150
   ¿y yo con más albedrío
   tengo menos libertad?
Nace el arroyo, culebra
que entre flores se desata,
y apenas, sierpe de plata,   155
entre las flores se quiebra,
cuando músico celebra
de las flores la piedad
que le dan la majestad,
el campo abierto a su ida :   160
   ¿y teniendo yo más vida
   tengo menos libertad?

L'oiseau éclôt et les parures
de sa beauté resplendissante
à peine ont-elles fait de lui
fleur emplumée ou bouquet d'ailes,
que le voici vélocement
parcourant l'espace éthéré,
se refusant à la douceur
du nid tranquille qu'il délaisse,
et moi pourvu d'une âme plus
grande, j'ai moins de liberté ?
La bête naît et les dessins
des belles taches sur sa peau,
font à peine d'elle un signe étoilé
— grâce au docte pinceau —
que, dans l'audace et la fureur,
l'humaine nécessité
lui enseigne la cruauté,
du labyrinthe en fait le monstre,
et moi dont l'instinct est meilleur
aurais-je moins de liberté ?
Le poisson naît, qui ne respire,
avorton d'ulves et de frai,
et à peine, vaisseau d'écailles,
sur l'onde se voit-il,
que le voici de tous côtés,
qui mesure l'immensité
de toute la capacité
que lui offre le centre froid.
Et moi, avec mon libre arbitre,
aurai-je moins de liberté ?
Le ruisseau naît aussi, couleuvre
qui se coule entre les fleurs,
et à peine serpent d'argent,
entre les fleurs se brise-t-il,
qu'il célèbre par sa musique
la tendresse des fleurs
qui lui offrent la majesté
des champs qui s'ouvrent sur son passage ;
et moi qui jouis de plus de vie,
aurai-je moins de liberté ?

En llegando a esta pasión,
un volcán, un Etna hecho,
quisiera sacar del pecho   165
pedazos del corazón.
¿Qué ley, justicia o razón
negar a los hombres sabe
privilegio tan suave,
excepción tan principal,   170
que Dios le ha dado a un cristal,
a un pez, a un bruto y a un ave?

Rosaura.   Temor y piedad en mí
sus razones han causado.

Segismundo. ¿Quién mis voces ha escuchado?   175
¿Es Clotaldo?

Clarín. (aparte)   (Dí que sí.)

Rosaura. No es sino un triste ¡ay de mí!
que en estas bóvedas frías
oyó tus melancolías.

Segismundo. Pues la muerte te daré,   180
porque no sepas que sé
que sabes flaquezas mías.

                    Àsela.

Sólo porque me has oído,
entre mis membrudos brazos
te tengo de hacer pedazos.   185

Clarín.   Yo soy sordo, y no he podido
escucharte.

Rosaura.   Si has nacido
humano, baste el postrarme
a tus pies para librarme.

Segismundo Tu voz pudo enternecerme,   190
tu presencia suspenderme,
y tu respeto turbarme.
¿Quién eres? Que aunque yo aquí
tan poco del mundo sé,
que cuna y sepulcro fue   195
esta torre para mí;

Quand j'évoque cette passion,
en volcan, en Etna tout métamorphosé,
je voudrais de mon sein arracher
des lambeaux de mon cœur;
dites-moi quelle loi, quelle justice ou quelle
raison peuvent aux hommes refuser
un si doux privilège,
une exemption si capitale,
que Dieu même octroie au cristal,
au poisson, à la bête, à l'oiseau?

ROSAURE.   Ses paroles m'emplissent
de crainte et de pitié.

SIGISMOND.   Qui donc a écouté mes cris?
Est-ce Clothalde?

CLARÍN.   *(à part)* (Réponds-lui que oui.)

ROSAURE.   Un infortuné seulement, hélas!
qui sous ces voûtes froides
a écouté ta mélancolie.

SIGISMOND.   Je vais donc ici te donner la mort
afin que tu ne saches pas
que je sais que tu sais
mes faiblesses.

Il l'empoigne.

Rien que pour m'avoir entendu,
entre mes bras puissants
je vais te mettre en pièces.

CLARÍN.   Pour ma part je suis sourd;
je n'ai rien entendu.

ROSAURE.   Si tu es bien un être humain
qu'il me suffise de me jeter
à tes pieds, pour être épargnée.

SIGISMOND.   Ta voix a su m'attendrir,
ta présence a su m'arrêter,
ton respect me troubler.
Qui es-tu? Quoique je ne sache ici
que si peu de chose du monde,
car cette tour pour moi
a été à la fois mon berceau et ma tombe;

y aunque desde que nací,
si esto es nacer, sólo advierto
este rústico desierto,
donde miserable vivo,   200
siendo un esqueleto vivo,
siendo un animado muerto;
  y aunque nunca vi ni hablé
sino a un hombre solamente
que aquí mis desdichas siente,   205
por quien las noticias sé
de cielo y tierra; y aunque
aquí, porque más te asombres
y monstruo humano me nombres,
entre sombras y quimeras,   210
soy un hombre de las fieras,
y una fiera de los hombres;
  y aunque en desdichas tan graves
la política he estudiado,
de los brutos enseñado,   215
y advertido de las aves,
y de los astros süaves
los círculos he medido :
tú solo, tú has suspendido
la pasión a mis enojos,   220
la suspensión a mis ojos,
la admiración al oído.
  Con cada vez que te veo
nueva admiración me das,
y cuando te miro más   225
aún más mirarte deseo.
Ojos hidrópicos creo
que mis ojos deben ser;
pues cuando es muerte el beber,
beben más, y desta suerte,   230
viendo que el ver me da muerte,
estoy muriendo por ver.
  Pero véate yo y muera;
que no sé, rendido ya,
si el verte muerte me da,   235
el no verte qué me diera.

et quoique depuis ma naissance
— si tant est que je puisse appeler cela naître —
je ne voie rien que ce désert rustique,
où je vis misérable,
en squelette vivant,   *oxymore*
être animé frappé de mort;
et quoique je n'aie jamais parlé
qu'au seul homme que j'aie jamais vu
et qui connaît ici mon infortune,
grâce à qui j'ai quelques notions
du ciel et de terre; et quoique
ici, quand bien même tu t'en étonnerais,
et me traiterais de monstre humain,
parmi les chimères et les épouvantes,
je sois l'homme des fauves   *chiasme*
et le fauve des hommes;
et quoique dans ces grands malheurs
j'aie étudié la politique,
instruit par les bêtes,
par les oiseaux enseigné,
et que j'aie mesuré les cercles
des astres suaves;
toi seul tu as pu suspendre
la passion de mes tourments,
l'éblouissement dans mes yeux,
l'étonnement en mon oreille.
Chaque fois que je te regarde,
je t'admire à nouveau;
et plus je te regarde,
plus je désire te regarder.
Je crois bien que mes yeux
doivent être hydropiques;
car alors que de boire
peut provoquer la mort
ils boivent davantage; et de la sorte
voyant que voir me donne la mort
je me meurs de l'envie de voir.
Mais laisse-moi te voir à en mourir;
car je ne sais, vaincu enfin,
si te voir me donne la mort,
ce que serait pour moi que de ne plus te voir.

Fuera, más que muerte fiera,
ira, rabia y dolor fuerte.
Fuera muerte; desta suerte
su rigor he ponderado,   240
pues dar vida a un desdichado
es dar a un dichoso muerte.

Rosaura.   Con asombro de mirarte,
con admiración de oírte,
no sé qué pueda decirte,   245
ni qué pueda preguntarte.
Sólo diré que a esta parte
hoy el cielo me ha guïado
para haberme consolado,
si consuelo puede ser,   250
del que es desdichado, ver
a otro que es más desdichado.
   Cuentan de un sabio, que un día
tan pobre y mísero estaba,
que sólo se sustentaba   255
de unas yerbas que cogía.
« ¿Habrá otro », entre sí decía,
« más pobre y triste que yo? »
Y cuando el rostro volvió,
halló la respuesta, viendo   260
que iba otro sabio cogiendo
las hojas que él arrojó.
Quejoso de la fortuna
yo en este mundo vivía,
y cuando entre mí decía :   265
« ¿Habrá otra persona alguna
de suerte más importuna? »,
piadoso me has respondido;
pues volviendo en mi sentido
hallo que las penas mías,   270
para hacerlas tú alegrías,
las hubieras recogido.
   Y por si acaso mis penas
pueden aliviarte en parte,
óyelas atento, y toma   275

Ce serait plus que mort cruelle,
ire, fureur, forte douleur;
ce serait une mort : et ainsi j'en mesure
toute la rigueur,
car donner la vie à un malheureux —
c'est donner la mort à un homme heureux. —

ROSAURE.   Dans l'étonnement de te voir,
dans l'admiration de t'entendre,
je ne sais que te dire,
je ne sais que te demander;
je dirai seulement que le ciel
m'a guidé aujourd'hui en ces lieux
afin que je sois consolé,
si toutefois cela peut être une consolation
pour un malheureux que de voir
un autre plus malheureux que lui.
On raconte qu'un sage, un jour,
était si pauvre et miséreux
qu'il se nourrissait seulement
de quelques herbes qu'il cueillait.
Peut-il exister (disait-il à part soi)
plus pauvre et plus triste que moi?
Lorsqu'il tourna la tête,
il trouva la réponse, voyant
qu'un autre sage ramassait
les feuilles qu'il avait jetées.
Maudissant la fortune,
je vivais moi-même en ce monde,
et quand, à part moi, je disais :
« Peut-il y avoir une autre personne
dont le sort soit plus importun? »,
plein de pitié, tu me réponds.
Recouvrant mes esprits,
je m'aperçois que mes chagrins
pour en faire des joies,
tu les aurais bien ramassés.
Aussi, pour le cas où mes peines
t'offriraient quelque réconfort,
écoute-les attentivement;

las que dellas me sobraren.
Yo soy...

Dentro, Clotaldo.

Clotaldo.   Guardas desta torre,
que, dormidos o cobardes,
disteis paso a dos personas
que han quebrantado la cárcel...   280

Rosaura.   Nueva confusión padezco.
Segismundo. Este es Clotaldo, mi alcaide
¿Aún no acaban mis desdichas?
Clotaldo.   ... acudid, y vigilantes,
(dentro)   sin que puedan defenderse,   285
o prendeldes o mataldes.
Todos   ¡Traición!
(dentro)
Clarín.   Guardas de esta torre,
que entrar aquí nos dejasteis,
pues que nos dais a escoger,
el prendernos es más fácil.   290

*Sale Clotaldo con escopeta, y soldados,
todos con los rostros cubiertos.*

Clotaldo.   Todos os cubrid los rostros;
que es diligencia importante
mientras estamos aquí
que no nos conozca nadie.
Clarín.   ¿Enmascaraditos hay?   295
Clotaldo.   ¡Oh vosotros, que ignorantes
de aqueste vedado sitio,
coto y término pasasteis
contra el decreto del Rey,
que manda que no ose nadie   300
examinar el prodigio
que entre estos peñascos yace!
Rendid las armas y vidas,
o aquesta pistola, áspid

prends celles qui seraient de trop.
Je suis...

Clothalde, à la contonade.

CLOTHALDE. Gardes
  de cette tour,
  qui, endormis ou lâches,
  avez laissé passer deux personnes
  qui ont forcé l'entrée de la prison...
ROSAURE. De nouvelles épreuves m'attendent.
SIGISMOND. Voici Clothalde, mon geôlier.
  Mes malheurs seront-ils sans fin?
CLOTHALDE, *à la cantonade.* Accourez, et avec vigilance,
  sans qu'il puissent se défendre,
  arrêtez-les, ou tuez-les!
DES VOIX, *à la cantonade.* Trahison! Trahison!

CLARÍN. Gardes de cette tour,
  qui nous avez laissés entrer ici,
  puisque vous nous donnez le choix,
  il est plus simple de nous arrêter.

*Entrent Clothalde avec une arme à feu,
et des soldats; tous le visage masqué.*

CLOTHALDE. Couvrez-vous tous bien le visage;
  car il importe au plus haut point
  que, tant que nous serons ici,
  nul ne nous reconnaisse.
CLARÍN. Est-ce là une mascarade?
CLOTHALDE. O vous qui dans votre ignorance,
  de ce lieu interdit,
  avez franchi l'enceinte et la limite,
  bafouant le décret du roi,
  qui ordonne que nul
  n'ose examiner le prodige
  qui gît entre ces rochers!
  Rendez vos armes et vos vies,
  ou bien ce pistolet, aspic

    de metal, escupirá   305
    el veneno penetrante
    de dos balas, cuyo fuego
    será escándalo del aire.

Segismundo Primero, tirano dueño,
    que los ofendas y agravies,   310
    será mi vida despojo
    destos lazos miserables;
    pues en ellos, vive Dios,
    tengo de despedazarme
    con las manos, con los dientes, 315
    entre aquestas peñas, antes
    que su desdicha consienta
    y que llore sus ultrajes.

Clotaldo. Si sabes que tus desdichas,
    Segismundo, son tan grandes, 320
    que antes de nacer moriste
    por ley del cielo; si sabes
    que aquestas prisiones son
    de tus furias arrogantes
    un freno que las detenga   325
    y una rienda que las pare,
    ¿por qué blasonas? La puerta
    cerrad desa estrecha cárcel;
    escondelde en ella.

     Ciérranle la puerta y dice dentro.

Segismundo.   ¡Ah cielos,
    qué bien hacéis en quitarme   330
    la libertad! Porque fuera
    contra vosotros gigante,
    que, para quebrar al sol
    esos vidrios y cristales,
    sobre cimientos de piedra   335
    pusiera montes de jaspe.

Clotaldo. Quizá porque no los pongas,
    hoy padeces tantos males.

Rosaura. Ya que vi que la soberbia
    te ofendió tanto, ignorante 340
    fuera en no pedirte humilde

de métal, crachera
le venin pénétrant
de deux balles, dont le feu
sera le scandale de l'air.

SIGISMOND.   Avant, ô maître tyrannique,
que tu ne les offenses ou les outrages,
ma vie sera la victime
de ces liens misérables,
car, vive Dieu! je veux
mettre en pièces mon corps
de mes mains, de mes dents,
parmi ces rochers, plutôt
que je consente à leur malheur
et que je pleure leurs outrages,

CLOTHALDE.   Sigismond, si tu sais
que tes malheurs sont tels
qu'avant de naître tu mourus
par une loi du ciel; si tu sais
que ces fers
pour ton arrogante fureur
sont un frein qui la retient,
une bride qui l'arrête,
pourquoi ces fanfaronnades? Fermez
la porte de cette étroite prison;
et qu'il y demeure caché.

On referme la porte sur lui et il dit en coulisses.

SIGISMOND.   Ah! cieux! que vous avez raison
de m'enlever la liberté!
sinon, j'eusse été contre vous un géant
qui, pour briser les vitres
et le cristal du soleil,
eût, sur des fondations de pierre,
dressé des montagnes de jaspe.

CLOTHALDE.   C'est pour t'en empêcher peut-être,
que tu endures aujourd'hui tant de maux.

ROSAURE.   Ayant vu que l'orgueil
à ce point t'offense, je montrerais
beaucoup de sottise si humblement

vida que a tus plantas yace.
Muévate en mí la piedad;
que será rigor notable
que no hallen favor en ti   345
ni soberbias ni humildades.

Clarín. Y si Humildad y Soberbia
no te obligan, personajes
que han movido y removido
mil autos sacramentales,   350
yo, ni humilde ni soberbio,
sino entre las dos mitades
entreverado, te pido
que nos remedies y ampares.

Clotaldo. ¡Hola!

Soldados.   Señor...

Clotaldo.   A los dos   355
quitad las armas, y ataldes
los ojos, porque no vean
cómo ni de dónde salen.

Rosaura. Mi espada es ésta, que a ti
Solamente ha de entregarse,   360
porque, al fin, de todos eres
el principal, y no sabe
rendirse a menos valor.

Clarín. La mía es tal, que puede darse
al más ruin; tomalda vos.   365

Rosaura. Y si he de morir, dejarte
quiero, en fe desta piedad,
prenda que pudo estimarse
por el dueño que algún día
se la ciñó. Que la guardes   370
te encargo, porque aunque yo
no sé qué secreto alcance,
sé que esta dorada espada
encierra misterios grandes;
pues sólo fiado en ella   375
vengo a Polonia a vengarme
de un agravio.

Clotaldo.   (¡Santos cielos!
¿Qué es esto? Ya son más graves
mis penas y confusiones,

je ne te demandais
une vie à tes pieds humiliée.
   Laisse pour moi la pitié t'émouvoir;
car ce serait la preuve d'une rigueur notable
que l'orgueil ni l'humilité
ne trouvent grâce auprès de toi.

CLARÍN.   Et si ni l'Humilité ni l'Orgueil
ne t'obligent, ces personnages
dont ont usé et abusé
mille *autos* sacramentels,
moi qui ne suis humble ni fier,
mais de l'une et l'autre moitié.
entrelardé, je te demande
de nous secourir, de nous protéger.

CLOTHALDE.   Holà!

DES SOLDATS.   Monseigneur...

CLOTHALDE.   Otez-leur à tous deux
les armes, et bandez-leur
les yeux afin qu'ils ne voient ni
comment ni par où ils sortent.

ROSAURE.   Voici mon épée, c'est à toi
seulement que je dois la remettre,
car enfin tu es, ici parmi tous,
le seul gentilhomme et elle ne peut
se rendre à moins grande valeur.

CLARÍN.   La mienne est telle que je peux la donner
au plus vil; prenez-la.

ROSAURE.   Et si je dois mourir, je veux
te laisser, en témoignage de ta compassion,
un gage que l'on peut estimer à son prix
à cause du maître qui un jour
la ceignit; je te recommande
de la garder; quoique j'ignore en effet
quel secret peut y être attaché,
je sais que cette épée dorée
enferme de grands mystères,
et c'est en me fiant à elle seulement
que je viens en Pologne
me venger d'un outrage.

CLOTHALDE.   (Juste ciel! Qu'est-ce là?
Voici que s'accroissent soudain
mes peines et ma confusion,

mis ansias y mis pesares.)   380
¿Quién te la dio?

Rosaura.   Una mujer.

Clotaldo. ¿Cómo se llama?

Rosaura.   Que calle
su nombre es fuerza.

Clotaldo.   ¿De qué
infieres agora, o sabes,
que hay secreto en esta espada?   385

Rosaura. Quien me la dio, dijo : « Parte
a Polonia, y solicita
con ingenio, estudio o arte,
que te vean esa espada
los nobles y principales;   390
que yo sé que alguno de ellos
te favorezca y ampare »;
que por si acaso era muerto
no quiso entonces nombrarle.

Clotaldo. (¡Válgame el cielo! ¿Qué escucho?   395
Aún no sé determinarme
si tales sucesos son
ilusiones o verdades.
Esta espada es la que yo
dejé a la hermosa Violante,   400
por señas que el que ceñida
la trujera, había de hallarme
amoroso como hijo,
y piadoso como padre.
Pues ¿qué he de hacer ¡ay de mí!   405
en confusión semejante,
si quien la trae por favor
para su muerte la trae;
pues que sentenciado a muerte
llega a mis pies? ¡Qué notable   410
confusión! ¡Qué triste hado!
¡Qué suerte tan inconstante!
Éste es mi hijo, y las señas
dicen bien con las señales
del corazón, que por verle   415
llama al pecho, y en él bate

mes angoisses et mes tourments.)
Qui te l'a donnée?
ROSAURE. Une femme.
CLOTHALDE. Comment s'appelle-t-elle?
ROSAURE. Je ne puis révéler son nom.

CLOTHALDE. D'où infères-tu maintenant,
d'où sais-tu que dans cette épée
il y a un secret?
ROSAURE. Qui me l'a donnée, m'a dit :
« Va en Pologne et fais en sorte
avec ingéniosité, habileté ou ruse,
que nobles et grands seigneurs
voient sur toi cette épée;
car je sais bien que l'un d'entre eux
te viendra en aide et te protégera »;
mais, au cas où il serait mort,
on ne voulut pas le nommer alors.
CLOTHALDE. *(à part)* (Qu'entends-je? Le ciel me protège!
Je ne saurais déterminer
si de pareils événements
sont illusion ou vérité.
C'est là l'épée que j'ai laissée
à la belle Violante,
en gage que celui qui au côté la porterait
trouverait en moi l'amour
dû à un fils
et la tendresse d'un père.
Que vais-je donc faire, hélas!
en une confusion semblable
si celui qui la porte pour trouver un appui,
la porte pour sa mort,
puisque c'est condamné à mort
qu'il se jette à mes pieds?
Quelle étrange confusion! Quelle triste
destinée! Quel sort inconstant!
Voici mon fils, et le gage
correspond bien aux pressentiments
de mon cœur qui, pour le voir,
frappe à ma poitrine et y bat

las alas, y no pudiendo
romper los candados, hace
lo que aquel que está encerrado,
y oyendo ruido en la calle   420
se arroja por la ventana :
y él así como no sabe
lo que pasa, y oye el ruido,
va a los ojos a asomarse,
que son ventanas del pecho   425
por donde en lágrimas sale.
¿Qué he de hacer? ¡Válgame el cielo!
¿Qué he de hacer? Porque llevarle
al Rey es llevarle ¡ay, triste!
a morir. Pues ocultarle   430
al Rey no puedo, conforme
a la ley del homenaje.
De una parte el amor propio,
y la lealtad de otra parte
me rinden. Pero ¿qué dudo?   435
¿La lealtad al rey no es antes
que la vida y que el honor?
Pues ella viva y él falte.
Fuera de que, si ahora atiendo
a que dijo que a vengarse   440
viene de un agravio, hombre
que está agraviado es infame.
No es mi hijo, no es mi hijo,
ni tiene mi noble sangre.
Pero si ya ha sucedido   445
un peligro de quien nadie
se libró, porque el honor
es de materia tan frágil,
que con una acción se quiebra
o se mancha con un aire,   450
¿qué más puede hacer, qué más
el que es noble, de su parte,
que a costa de tantos riesgos
haber venido a buscarle?
Mi hijo es, mi sangre tiene,   455
pues tiene valor tan grande;

des ailes et ne pouvant briser
sa clôture, agit comme un homme enfermé
qui entendant du bruit dans la rue
se précipite par la fenêtre;
mon cœur de même, comme il ne sait
ce qui se passe, et qu'il entend du bruit
cherche à voir à travers mes yeux,
qui sont les fenêtres de l'âme,
par où il se répand en larmes.
Que dois-je faire? Le ciel me protège!
Que dois-je faire? En effet le conduire
au Roi, c'est le conduire, hélas!
à la mort. Et je ne puis
le cacher au Roi, du fait
de mon serment d'hommage.
D'une part l'amour lui-même,
la fidélité d'autre part,
s'imposent à moi. Mais pourquoi hésiter?
La fidélité au Roi ne passe-t-elle pas
avant la vie, avant l'honneur?
Qu'elle triomphe donc à ses dépens.
D'ailleurs si je tiens compte maintenant
qu'il m'a dit venir pour se venger
d'un outrage, un homme
outragé est infâme.
Ce n'est pas mon fils, ce n'est pas mon fils;
il n'a pas mon sang généreux.
Pourtant, s'il s'est produit
un de ces malheurs, auxquels nul
n'échappe, parce que l'honneur
est d'une matière si fragile
qu'un seul coup le brise,
ou qu'un souffle l'entache,
que peut faire d'autre, que peut faire
d'autre, un être noble
que d'être venu le chercher,
au prix de tant de périls?
C'est mon fils, il est de mon sang,
puisqu'il fait preuve d'une telle valeur.

y así, entre una y otra duda,
el medio más importante
es irme al Rey y decirle
que es mi hijo y que la mate.   460
Quizá la misma piedad
de mi honor podrá obligarle;
y si le merezco vivo,
yo le ayudaré a vengarse
de su agravio. Mas si el rey,   465
en sus rigores constante,
le da muerte, morirá
sin saber que soy su pardre.)
Venid conmigo, extranjeros.
No temáis, no, de que os falte   470
compañía en las desdichas;
pues en duda semejante
de vivir o de morir,
no sé cuáles son más grandes.

Vanse.

*Sale por una parte Astolfo con acompañamiento de soldados, y por otra
Estella con damas. Suena música.*

Astolfo.   Bien al ver los excelentes   475
rayos, que fueron cometas,
mezclan salvas diferentes
las cajas y las trompetas,
los pájaros y las fuentes;
    siendo con música igual,   480
y con maravilla suma,
a tu vista celestial,
unos, clarines de pluma,
y otras, aves de metal;
    y así os saludan, señora,   485
como a su reina las balas,
los pájaros como a Aurora,
las trompetas como a Palas
y las flores como a Flora;
    porque sois, burlando el día   490

Ainsi, au milieu de ces doutes,
la résolution qui importe
est de me rendre auprès du Roi et de lui dire
que c'est mon fils et qu'il le tue.
La pitié que mon honneur, peut-être,
saura lui inspirer, pourra l'obliger.
Et si j'obtiens sa vie,
je l'aiderai à se venger
de son outrage; mais si le Roi,
constant dans sa rigueur,
lui inflige la mort, il mourra
sans savoir que je suis son père.)
Venez avec moi, étrangers.
Ne craignez point de manquer
de compagnie dans vos malheurs,
car dans un pareil doute
de savoir s'il faut vivre ou bien s'il faut mourir,
je ne sais pas lequel de ces malheurs
est le plus grand.

Ils sortent.

*D'un côté, entre Astolphe avec une suite de soldats; de l'autre, Etoile
suivie de ses dames de compagnie. Musique.*

ASTOLPHE.   A la vue de ces rayons sublimes,
   qui furent comme des comètes,
   les tambours, les trompettes,
   les oiseaux, les fontaines
   mêlent avec bonheur leurs salves différentes;
   dans une mélodie semblable,
   et au comble de la merveille,
   ils sont, à ton aspect céleste,
   clairons pourvus d'ailes, les uns,
   les autres, oiseaux de métal;
   et ainsi les boulets, madame,
   saluent en vous leur souveraine,
   les oiseaux l'Aurore,
   les trompettes Pallas
   et les fleurs la déesse Flore;
   car vous êtes, abusant le jour

que ya la noche destierra,
Aurora en el alegría,
Flora en paz, Palas en guerra
y reina en el alma mía.

Estrella.   Si la voz se ha de medir   495
con las acciones humanas,
mal habéis hecho en decir
finezas tan cortesanas,
donde os pueda desmentir
    todo ese marcial trofeo   500
con quien ya atrevida lucho;
pues no dicen, según creo,
las lisonjas que os escucho,
con los rigores que veo.
    Y advertid que es baja acción,   505
que sólo a una fiera toca,
madre de engaño y traición,
el halagar con la boca
y matar con la intención.

Astolfo.   Muy mal informada estáis,   510
Estrella, pues que la fe
de mis finezas dudáis,
y os suplico que me oigáis
la causa, a ver si la sé.
    Falleció Eustorgio tercero,   515
Rey de Polonia; quedó
Basilio por heredero,
y dos hijas, de quien yo
y vos nacimos. No quiero
    cansar con lo que no tiene   520
lugar aquí. Clorilene,
vuestra madre y mi señora,
que en mejor imperio agora
dosel de luceros tiene,
    fue la mayor, de quien vos   525
sois hija. Fue la segunda,
madre y tía de los dos,
la gallarda Recismunda,
que guarde mil años Dios.
    Casó en Moscovia, de quien   530

qui va déjà chassant la nuit,
Aurore en sa joie toute fraîche,
Flore en la paix, Pallas en la guerre
et dans mon âme souveraine.

ÉTOILE.   S'il est vrai que les mots
aux actes se mesurent,
vous avez tort de m'adresser
de si délicats compliments,
quand peut si bien vous démentir
tout cet appareil belliqueux
que j'affronte déjà audacieusement;
car, à mon avis, les douceurs
que j'entends ne s'accordent pas
avec les rigueurs que je vois.
Et sachez que c'est fort grande vilenie,
digne seulement d'une bête féroce,
mère de duperie et de trahison,
que de caresser de la bouche
et de tuer en intention.

ASTOLPHE.   Vous êtes bien mal informée,
Étoile, puisque vous suspectez
la loyauté de mes hommages.
Je vous prie d'écouter ma cause;
vous verrez si je la connais.
Eustorgue III, roi de Pologne,
mourut, laissant pour héritier
Basyle ainsi que deux filles
de qui vous et moi sommes nés.
— Je ne voudrais point vous lasser
de ce qui n'a que faire ici. —
Clorilène, votre mère et ma Dame,
qui sous un baldaquin d'étoiles
habite désormais un empire meilleur,
fut l'aînée, et vous êtes sa fille.
La belle Régismonde, votre tante
et ma mère, que Dieu garde mille ans,
fut la cadette. Elle se maria

nací yo. Volver ahora
al otro principio es bien.
Basilio, que ya, señora,
se rinde al común desdén
    del tiempo, más inclinado   535
a los estudios que dado
a mujeres, enviudó
sin hijos, y vos y yo
aspiramos a este Estado.
    Vos alegáis que habéis sido   540
hija de hermana mayor;
yo, que varón he nacido,
y aunque de hermana menor,
os debo ser preferido.
    Vuestra intención y la mía   545
a nuestro tío contamos.
El respondió que quería
componernos, y aplazamos
este puesto y este día.
    Con esta intención salí   550
de Moscovia y de su tierra;
con ésta llegué hasta aquí,
en vez de haceros yo guerra
a que me la hagáis a mí.
¡Oh quiera Amor, sabio dios,   555
que el vulgo, astrólogo cierto,
hoy lo sea con los dos,
y que pare este concierto
en que seáis reina vos,
    pero reina en mi albedrío,   560
dándoos, para más honor,
su corona nuestro tío,
sus triunfos vuestro valor
y su imperio el amor mío!

Estrella.   A tan cortés bizarría   565
menos mi pecho no muestra,
pues la imperial monarquía,
para sólo hacerla vuestra,
me holgara que fuese mía;
    aunque no está satisfecho   570

en Moscovie, et ce fut d'elle que je naquis.
Mais il faut maintenant revenir au début.
Basyle qui à présent, madame,
fléchit sous l'injure commune du temps,
plus enclin aux études qu'adonné aux femmes,
est devenu veuf
sans avoir d'enfants, et vous et moi
nous aspirons à cet État.

Vous alléguez que vous êtes
la fille de la sœur aînée ;
moi, que je suis un homme,
et quoique fils de la cadette,
que je dois être préféré à vous.
Nous avons exposé à notre oncle
votre intention et la mienne ;
il a répondu qu'il voulait
nous réconcilier, et nous avons fixé
cet endroit et ce jour.
C'est dans cette intention que j'ai quitté
la province de Moscovie ;
c'est dans cette intention que je suis venu jusqu'ici
non pour vous faire la guerre,
mais pour que vous la fassiez contre moi.
Oh ! veuille l'Amour, dieu savant,
que le vulgaire, astrologue infaillible,
le soit aujourd'hui pour nous deux
et qu'il décide de cet accord :
que vous deveniez reine,
mais reine de ma liberté
et que notre oncle, pour plus d'honneur,
vous donne sa couronne,
ses triomphes votre valeur,
et son empire mon amour !
ÉTOILE.   Tant de courtoise générosité
ne laissera pas mon cœur être de reste ;
et c'est seulement pour qu'elle soit vôtre
que je me réjouirais
de voir me revenir l'impériale couronne...
Mon amour cependant n'est guère satisfait

mi amor de que sois ingrato,
si en cuanto decís, sospecho
que os desmiente ese retrato
que está pendiente del pecho.

Astolfo.	Satisfaceros intento	575
	con él... Mas lugar no da	
	tanto sonoro instrumento,	
	que avisa que sale ya	
	el Rey con su parlamento.	

Tocan y sale et rey Basilio, viejo, y acompañamiento.

Estrella.	Sabio Tales...	
Astolfo.	Docto Euclides...	580
Estrella.	que entre signos...	
Astolfo.	que entre estrellas...	
Estrella.	hoy gobiernas...	
Astolfo.	hoy resides...	
Estrella.	y sus caminos...	
Astolfo.	sus huellas...	
Estrella.	describes...	
Astolfo.	tasas y mides...	
Estrella.	deja que en humildes lazos...	585
Astolfo.	deja que en tiernos abrazos...	
Estrella.	hiedra de ese tronco sea.	
Astolfo.	rendido a tus pies me vea.	
Basilio.	Sobrinos, dadme los brazos,	
	y creed, pues que leales	590
	a mi precepto amoroso	
	venís con afectos tales,	
	que a nadie deje quejoso	
	y los dos quedéis iguales.	
	Y así, cuando me confieso	595
	rendido al prolijo peso,	
	sólo os pido en la ocasión	
	silencio, que admiración	
	ha de pedirla el suceso.	
	Ya sabéis —estadme atentos,	600
	amados sobrinos míos,	
	corte ilustre de Polonia,	

de l'ingratitude que vous manifestez.
Je soupçonne en effet que toutes vos paroles
sont démenties par ce portrait
que je vois pendre à votre cou.
ASTOLPHE. A ce propos je veux vous satisfaire...
Mais j'en suis empêché
par tous ces instruments sonores
annonçant l'arrivée
du Roi, suivi de son cortège.

Roulements de tambours.
Entre le roi Basyle, un vieillard, avec son cortège.

ÉTOILE. Sage Thalès...
ASTOLPHE.   Docte Euclide...
ÉTOILE. toi qui parmi les signes...
ASTOLPHE. toi qui parmi les étoiles...
ÉTOILE. aujourd'hui gouvernes...
ASTOLPHE. aujourd'hui résides...
ÉTOILE. et qui décris...
ASTOLPHE. et qui évalues et mesures...
ÉTOILE. leurs chemins...
ASTOLPHE. leurs traces...
ÉTOILE. permets que par d'humbles enlacements...
ASTOLPHE. permets que par de tendres étreintes...
ÉTOILE. je sois le lierre de ce tronc.
ASTOLPHE. je me voie à tes pieds prosterné.
BASYLE. Mes neveux, donnez-moi les bras,
et puisque loyalement
vous obéissez à mon ordre affectueux
avec tant de marques d'amour,
croyez bien que personne n'aura à se plaindre,
que vous serez tous deux traités également.
Aussi bien, quand j'avoue
que je ploie sous le fardeau prolixe,
je ne vous demande en cette occasion,
que le silence; car les événements
forceront eux-mêmes votre admiration.
— Vous savez — prêtez-moi attention,
mes chers neveux,
illustre Cour de Pologne,

vasallos, deudos y amigos—,
ya sabéis que yo en el mundo
por mi ciencia he merecido   60
el sobrenombre de docto;
pues, contra el tiempo y olvido,
los pinceles de Timantes,
los mármoles de Lisipo,
en el ámbito del orbe   6
me aclaman el gran Basilio.
Ya sabéis que son las ciencias
que más curso y más estimo,
matemáticas sutiles,
por quien al tiempo le quito,   6
por quien a la fama rompo
la jurisdicción y oficio
de enseñar más cada día;
pues cuando en mis tablas miro
presentes las novedades   6
de los venideros siglos,
le gano al tiempo las gracias
de contar lo que yo he dicho.
Esos círculos de nieve,
esos doseles de vidrio,   6
que el sol ilumina a rayos,
que parte la luna a giros,
esos orbes de diamantes,
esos globos cristalinos,
que las estrellas adornan   6
y que campean los signos,
son el estudio mayor
de mis años, son los libros
donde en papel de diamante,
en cuadernos de zafiros,   6
escribe con líneas de oro,
en caracteres distintos,
el cielo nuestros sucesos,
ya adversos o ya benignos.
Éstos leo tan veloz,   6
que con mi espíritu sigo
sus rápidos movimientos

vassaux, parents et amis, —
vous savez que moi dans le monde
par ma science j'ai mérité
le surnom de docte;
en effet, à l'encontre du temps et de l'oubli,
les pinceaux de Timante,
les marbres de Lysippe,
sur toute l'étendue du globe,
me proclament le grand Basyle.
Vous savez que les sciences
que je cultive et estime le plus,
sont les subtiles mathématiques,
par lesquelles j'enlève au temps,
par lesquelles j'arrache à la renommée,
leur juridiction, leur office
d'enseigner chaque jour davantage.
En effet, quand je vois sur mes tables,
présents à mes yeux, les événements
des siècles à venir,
le temps, qui conte ce que j'ai dit,
devient mon obligé.
Ces cercles de neige,
ces baldaquins de verre,
que le soleil illumine de ses rayons,
que la lune découpe en tournant,
ces orbes de diamants,
ces globes cristallins
qu'ornent les étoiles,
où trônent les signes des astres,
sont l'objet principal d'étude
de ma vie, sont les livres
où sur un papier de diamant,
sur des feuillets de saphir,
le ciel écrit avec des lignes d'or,
en caractères distincts,
les événements de nos vies,
adverses ou favorables.
Je les lis si prestement,
que je poursuis avec mon esprit
leurs rapides mouvements,

por rumbos y por caminos.
¡Pluguiera al cielo, primero
que mi ingenio hubiera sido   645
de sus márgenes comento
y de sus hojas registro,
hubiera sido mi vida
el primero desperdicio
de sus iras, y que en ellas   650
mi tragedia hubiera sido,
porque de los infelices
aun el mérito es cuchillo,
que a quien le daña el saber,
homicida es de sí mismo!   655
Dígalo yo, aunque mejor
lo dirán sucesos míos,
para cuya admiración
otra vez silencio os pido.
En Clorilene, mi esposa,   660
tuve un infelice hijo,
en cuyo parto los cielos
se agotaron de prodigios,
antes que a la luz hermosa
le diese el sepulcro vivo   665
de un vientre, porque el nacer
y el morir son parecidos.
Su madre infinitas veces,
entre ideas y delirios
del sueño, vio que rompía   670
sus entrañas atrevido
un monstruo en forma de hombre,
y entre su sangre teñido
le daba muerte, naciendo
víbora humana del siglo.   675
Llegó de su parto el día,
y los prodigios cumplidos
—porque tarde o nunca son
mentirosos los impíos—,
nació en horóscopo tal,   680
que el sol, en su sangre tinto,
entraba sañudamente

par leurs routes et leurs chemins.
Plût au ciel, qu'avant
que mon esprit
ait sur ses marges écrit son commentaire,
et de ses feuilles ait fait le registre,
ma vie eût été la première victime
de ses colères, et qu'en elles
ma tragédie s'y fût inscrite;
en effet pour les malheureux
le mérite même est un glaive,
car celui à qui son savoir porte préjudice
est homicide de soi-même!

Je peux le dire..., mais les événements
de ma vie le diront mieux encore,
et pour vous en étonner,
je vous demande à nouveau le silence.
De Clorilène, mon épouse,
j'eus un fils infortuné;
les cieux, à sa naissance,
épuisèrent tous leurs prodiges,
avant qu'à la belle lumière
l'eût donné le sépulcre vivant
d'un ventre, car naître
et mourir sont choses semblables.
Sa mère de multiples fois,
parmi les idées et les délires
du songe, vit un monstre
à forme humaine, qui audacieusement,
lui déchirait les entrailles,
et qui, maculé de son sang,
humaine vipère du siècle,
lui donnait la mort en naissant.
Le jour des couches arriva;
et les présages s'accomplirent
(les présages funestes jamais,
ou presque, ne mentent en effet);
il naquit sous un tel horoscope,
que le soleil, teint de son sang,
se mit avec rage à livrer

con la luna en desafío;
y siendo valla la tierra,
los dos faroles divinos   685
a luz entera luchaban,
ya que no a brazo partido.
El mayor, el más horrendo
eclipse que ha padecido
el sol, después que con sangre   690
lloró la muerte de Cristo,
éste fue, porque, anegado
el orbe entre incendios vivos,
resumió que padecía
el último parasismo.   695
Los cielos se oscurecieron,
temblaron los edificios,
llovieron piedras las nubes,
corrieron sangre los ríos.
En este mísero, en este   700
mortal planeta o signo,
nació Segismundo, dando
de su condición indicios,
pues dio la muerte a su madre,
con cuya fiereza dijo :   705
« Hombre soy, pues que ya empiezo
a pagar mal beneficios. »
Yo, acudiendo a mis estudios,
en ellos y en todo miro
que Segismundo sería   710
el hombre más atrevido,
el príncipe más crüel
y el monarca más impío,
por quien su reino vendría
a ser parcial y diviso,   715
escuela de las traiciones
y academia de los vicios;
y él, de su furor llevado,
entre asombros y delitos,
había de poner en mí   720
las plantas, y yo rendido
a sus pies me había de ver

un duel avec la lune.
Et la terre servant de palissade entre eux,
les deux flambeaux divins,
ne pouvant lutter à bras raccourcis
se mesuraient de toutes leurs lumières.
Ce fut la grande, la plus horrible
éclipse qu'ait subie
le soleil, depuis que dans le sang
il pleura la mort du Christ.
L'orbe en effet noyé en de vifs incendies
put croire qu'il était la proie
de l'ultime paroxysme;
les cieux s'obscurcirent,
les édifices tremblèrent,
des nuages tomba une pluie de pierres,
des flots de sang coulèrent dans les fleuves.
Sous cette planète ou ce signe astral
de misère, de mort,
naquit Sigismond, manifestant
ainsi son naturel.
A sa mère en effet il infligea la mort,
et sa cruauté semblait dire :
« Je suis un homme, puisque je commence
déjà à payer si mal les bienfaits. »
Moi, me tournant alors vers mes études,
je vois en elles et partout
que Sigismond serait
l'homme le plus insolent,
le prince le plus cruel
et le monarque le plus impie;
que par sa faute son royaume
partagé et divisé, deviendrait
une école de trahisons,
et une académie de vices;
et que lui, par sa fureur mené,
parmi des crimes prodigieux,
sous ses pieds il allait m'écraser,
et que je me verrais
devant lui prosterné,

—¡con qué congoja lo digo!—,
siendo alfombra de sus plantas
las canas del rostro mío.   725
¿Quién no da crédito al daño,
y más al daño que ha visto
en su estudio, donde hace
el amor propio su oficio?
Pues, dando crédito yo   730
a los hados, que adivinos
me pronosticaban daños
en fatales vaticinios,
determiné de encerrar
le fiera que había nacido,   735
por ver si el sabio tenía
en las estrellas dominio.
Publicóse que el Infante
nació muerto y, prevenido,
hice labrar una torre   740
entre las peñas y riscos
desos montes, donde apenas
la luz ha hallado camino,
por defenderle la entrada
sus rústicos obeliscos.   745
Las graves penas y leyes
que con públicos editos
declararon que ninguno
entrase a un vedado sitio
del monte, se ocasionaron   750
de las causas que os he dicho.
Allí Segismundo vive
mísero, pobre y cautivo,
adonde sólo Clotaldo
le ha hablado, tratado y visto.   755
Éste le ha enseñado ciencias;
éste en la ley le ha instrüido
católica, siendo solo
de sus miserias testigo.
Aquí hay tres cosas: la una   760
que yo, Polonia, os estimo
tanto, que os quiero librar

— quelle horreur j'éprouve à dire ces paroles ! —
les cheveux blancs de mon visage
à ses pieds servant de tapis.
Qui donc n'accorde foi au mal,
surtout au mal qu'il a prévu
par son étude, où l'amour propre
fait son office ?
Ainsi, accordant foi
au sort, qui prophétiquement,
me pronostiquait des malheurs,
par de funestes prédictions,
je décidai d'enfermer
la bête qui venait de naître,
afin de voir si le sage
pouvait avoir suprématie sur les étoiles.
On annonça que l'infant était mort
en naissant ; prenant mes précautions,
je fis bâtir une tour
parmi les rochers et les pierres
de ces monts, où la lumière
peine à trouver son chemin,
car leurs rustiques obélisques
lui en interdisent l'entrée.
Les lourdes peines et les lois
qui par de publics édits
déclarèrent que nul
ne pénétrât dans un lieu interdit
de la montagne, furent occasionnées
par les causes que je vous ai dites.
C'est là que vit Sigismond,
misérable, pauvre et captif,
où nul autre que Clothalde
ne lui a parlé, ne l'a fréquenté ni vu.
Il lui a enseigné des sciences ;
il l'a instruit dans la loi
catholique ; il a été le seul
témoin de ses misères.
Il s'agit de trois choses ici :
la première est que j'ai pour toi,
Pologne, tant d'estime,
que je veux t'éviter

de la opresión y servicio
de un rey tirano, porque
no fuera señor benigno   765
el que a su patria y su imperio
pusiera en tanto peligro.
La otra es considerar
que, si a mi sangre le quito
el derecho que le dieron   770
humano fuero y divino,
no es cristiana caridad;
pues ninguna ley ha dicho,
que por reservar yo a otro
de tirano y atrevido,   775
pueda yo serlo, supuesto
que si es tirano mi hijo,
porque él delitos no haga,
venga yo a hacer los delitos.
Es la última y tercera   780
el ver cuánto yerro ha sido
dar crédito fácilmente
a los sucesos previstos
pues aunque su inclinación
le dicte sus precipicios,   785
quizá no le vencerán,
porque el hado más esquivo,
la inclinación más violenta,
el planeta más impío,
sólo el albedrío inclinan,   790
no fuerzan el albedrío.
Y así, entre una y otra causa
vacilante y discursivo,
previne un remedio tal,
que os suspenda los sentidos.   795
Yo he de ponerle mañana,
sin que él sepa que es mi hijo
y rey vuestro, a Segismundo,
que aqueste su nombre ha sido,
en mi dosel, en mi silla,   800
y, en fin, en el lugar mío,
donde os gobierne y os mande,

l'oppression et le service
d'un roi tyrannique, car
il ne serait pas un seigneur bienveillant
celui qui mettrait sa patrie, son empire,
en un si grand péril.
La seconde est de considérer
que si j'ôte à mon sang
le privilège qu'il détient
de droit humain et de droit divin,
je manquerai à la charité chrétienne ;
aucune loi ne déclare en effet
que si je veux empêcher quelqu'un
d'être un tyran sans foi ni loi,
je puisse l'être moi-même, et que
si mon fils est un tyran,
pour qu'il ne commette pas de crimes,
je sois réduit à en commettre aussi.
La troisième et dernière chose
est que je vois combien grande a été mon erreur
de donner crédit si facilement
aux événements qui furent prédits ;
en effet, lors même que son penchant
lui dicterait ses précipices,
peut-être saurait-il les éviter,
car le destin le plus sinistre,
le penchant le plus violent,
la planète la plus impitoyable,
ne font qu'incliner
le libre arbitre, sans le forcer.
Ainsi donc, entre une thèse et l'autre,
hésitant et pensif,
j'ai prévu un remède tel
qu'il ne va pas manquer de vous étonner.
J'ai décidé de placer dès demain,
sans qu'il sache qu'il est mon fils
et votre roi, Sigismond,
(car tel est son nom en effet)
sous mon baldaquin, sur mon trône,
bref de lui donner ma place,
afin qu'il vous gouverne et vous commande,

y donde todos rendidos
la obediencia le juréis;
pues con aquesto consigo   805
tres cosas, con que respondo
a las otras tres que he dicho.
Es la primera, que siendo
prudente, cuerdo y benigno,
desmintiendo en todo al hado   810
que de él tantas cosas dijo,
gozaréis el natural
príncipe vuestro, que ha sido
cortesano de unos montes
y de sus fieras vecino.   815
Es la segunda, que si él,
soberbio, osado, atrevido
y crüel, con rienda suelta
corre el campo de sus vicios,
habré yo piadoso entonces   820
con mi obligación cumplido;
y luego en desposeerle
haré como rey invicto,
siendo el volverle a la cárcel
no crueldad, sino castigo.   825
Es la tercera, que siendo
el príncipe como os digo,
por lo que os amo, vasallos,
os daré reyes más dignos
de la corona y el cetro,   830
pues serán mis dos sobrinos;
junto en uno el derecho
de los dos, y convenidos
con la fe del matrimonio
tendrán lo que han merecido.   835
Esto como rey os mando,
esto como padre os pido,
esto como sabio os ruego,
esto como anciano os digo;
y si el Séneca español,   840
que era humilde esclavo, dijo,
de su república un rey,

et pour que vous, vous soumettant à lui,
vous lui juriez obéissance.
De la sorte j'obtiens
trois choses qui répondent
aux trois que j'ai dites.
En premier lieu, s'il se montre
prudent, sage et bienveillant,
démentant en tout le destin
qui sur lui a prédit tant de choses,
vous jouirez de votre Prince
légitime, qui jusqu'ici
n'a été que le courtisan des montagnes
et le compagnon de leurs bêtes féroces.
En second lieu, si, orgueilleux,
audacieux, violent et cruel,
il se lance à bride abattue
à travers le champ de ses vices,
j'aurais alors, avec bonté
accompli mon devoir.
Alors, en le dépossédant,
j'agirai en Roi invincible,
car le rendre à sa prison
sera alors non pas cruauté mais justice.
En troisième lieu, si le Prince
est tel que je vous dis,
à cause de l'amour que j'éprouve
pour vous, mes vassaux,
je vous donnerai un roi et une reine
plus dignes de la couronne et du sceptre :
car ce sera ma nièce et mon neveu ;
unissant en un seul le droit
qu'ils partagent tous deux, liés
dans la foi du mariage
ils recevront ce qu'ils ont mérité.
Voilà ce que j'ordonne en tant que roi,
en tant que père, ce que je demande,
en tant que sage, je vous en prie,
en tant que vieillard, je vous le déclare.
Et si Sénèque l'Espagnol
a bien dit qu'un Roi
était l'humble esclave de sa république,

como esclavo os lo suplico.

Astolfo.   Si a mí el responder me toca,
como el que, en efeto, ha sido   845
aquí el más interesado,
en nombre de todos digo
que Segismundo parezca,
pues le basta ser tu hijo.
Todos.   Danos al príncipe nuestro,   850
que ya por rey le pedimos.
Basilio.   Vasallos, esa fineza
os agradezco y estimo.
Acompañad a sus cuartos
a los dos Atlantes míos,   855
que mañana le veréis.
Todos.   ¡Viva el grande rey Basilio!

Entranse todos. Antes que se entre el Rey sale Clotaldo, Rosaura y
Clarín, y detiene al Rey

Clotaldo.   ¿Podréte hablar?
Basilio.   ¡Oh Clotaldo,
tú seas muy bien venido!
Clotaldo.   Aunque viniendo a tus plantas   860
es fuerza el haberlo sido,
esta vez rompe, señor,
el hado triste y esquivo
el privilegio a la ley
y a la costumbre el estilo.   865
Basilio. ¿Qué tienes?
Clotaldo.   Una desdicha,
señor, que me ha sucedido,
cuando pudiera tenerla
por el mayor regocijo.
Basilio. Prosigue.
Clotaldo.   Este bello joven,   870
osado o inadvertido,
entró en la torre, señor,
adonde al Príncipe ha visto,
y es...

c'est en esclave que je vous supplie.

ASTOLPHE.   Si c'est à moi qu'il revient de répondre,
  pour être en cette affaire
  le plus intéressé,
  au nom de tous je déclare :
  que Sigismond paraisse ;
  il lui suffit d'être ton fils.
TOUS.   Donne-nous notre Prince,
  car c'est lui désormais que nous voulons pour Roi.
BASYLE.   Vassaux, j'apprécie cette marque d'estime
  et vous en suis reconnaissant.
  Accompagnez dans leurs appartements
  ces deux Atlante de mon royaume ;
  vous verrez Sigismond demain.
TOUS.   Vive le grand roi Basyle !

Ils sortent tous.
Avant que le Roi ne quitte la scène, entre Clothalde
avec Rosaure et Clarín, et il arrête le Roi.

CLOTHALDE.   Puis-je te parler ?
BASYLE.   Oh ! Clothalde !
  Sois le bienvenu.
CLOTHALDE.   Venant me jeter à tes pieds,
  je ne puis qu'être bienvenu ;
  pourtant cette fois, Sire,
  le destin triste et farouche
  de cette loi enfreint le privilège,
  et le style de la coutume.
BASYLE.   Qu'y a-t-il ?
CLOTHALDE.   Un malheur, Sire,
  vient de m'arriver,
  qui aurait pu être pour moi
  la plus grande félicité.
BASYLE.   Poursuis.
CLOTHALDE.   Ce beau jeune homme,
  téméraire ou imprudent,
  est entré dans la tour, Seigneur,
  où il a vu le Prince,
  et c'est...

Basilio.   No te aflijas, Clotaldo.
Si otro día hubiera sido, 875
confieso que lo sintiera;
pero ya el secreto he dicho
y no importa que él lo sepa,
supuesto que yo lo digo.
Vedme después, porque tengo 880
muchas cosas que advertiros
y muchas que hagáis por mí;
que habéis de ser, os aviso,
instrumento del mayor
suceso que el mundo ha visto; 885
y a esos presos, porque al fin
no presumáis que castigo
descuidos vuestros, perdono.

Vase

Clotaldo.   ¡Vivas, gran señor, mil siglos!

        (aparte) (Mejoró el cielo la suerte. 890
Ya no diré que es mi hijo,
pues que lo puedo excusar.)
Extranjeros peregrinos,
libres estáis.
Rosaura.   Tus pies beso
mil veces. 895
Clarín.   Y yo los viso,
que una letra más o menos
no reparan dos amigos.
Rosaura.   La vida, señor, me has dado;
y pues a tu cuenta vivo,
eternamente seré 900
esclavo tuyo.
Clotaldo.   No ha sido
vida la que yo te he dado,
porque un hombre bien nacido,
si está agraviado, no vive;
y supuesto que has venido 905

BASYLE.   Ne t'afflige pas, Clothalde :
  si cela avait eu lieu un autre jour
  j'avoue que j'en aurais été contrarié ;
  mais j'ai dévoilé le secret,
  et peu importe qu'il le sache,
  puisque moi-même je le dis.
  Venez me voir plus tard, j'ai en effet
  à vous informer de beaucoup de choses,
  et à vous en faire faire beaucoup ;
  je vous avise que vous allez être
  l'instrument du plus grand
  événement que le monde ait vu.
  Quant à ces prisonniers,
  pour que tu n'ailles pas croire
  que je punis tes négligences,
  je leur pardonne.

Il sort.

CLOTHALDE.   Puisses-tu, ô grand Roi,
  vivre mille siècles !
  (à part) (Le ciel a rendu propice le destin.
  Je ne dirai plus qu'il est mon fils,
  puisque je peux m'en dispenser.)
  Voyageurs étrangers,
  vous êtes libres.
ROSAURE.   Mille fois je baise tes pieds.

CLARÍN.   Moi je leur fais la bise...
  Entre amis, après tout,
  on n'y regarde pas de si près.
ROSAURE.   Seigneur, tu m'as donné la vie,
  et puisque je vis grâce à toi,
  éternellement je serai
  ton esclave.
CLOTHALDE.   Ce n'est pas la vie
  que je t'ai donnée,
  car un homme bien né,
  s'il a été outragé, ne vit plus ;
  et puisque tu es venu

a vengarte de un agravio,
según tú propio me has dicho,
no te he dado la vida yo,
porque tú no la has traído;
que vida infame no es vida.   910

(aparte)   (Bien con aquesto le animo.)
Rosaura.   Confieso que no la tengo,
aunque de ti la recibo;
pero yo con la venganza
dejaré mi honor tan limpio,   915
que pueda mi vida luego,
atropellando peligros,
parecer dádiva tuya.

Clotaldo.   Toma el acero bruñido
que trujiste; que yo sé   920
que él baste, en sangre teñido
de tu enemigo, a vengarte;
porque acero que fue mío
—digo este instante, este rato
que en mi poder le he tenido—   925
sabrá vengarte.

Rosaura.   En tu nombre
segunda vez me lo ciño,
y en él juro mi venganza,
aunque fuese mi enemigo
más poderoso.

Clotaldo.   ¿Eslo mucho?   930
Rosaura.   Tanto, que no te lo digo;
no porque de tu presencia
mayores cosas no fío,
sino porque no se vuelva
contra mí el favor que admiro   935
en tu piedad.

Clotaldo.   ¿Antes fuera
ganarme a mí con decirlo;
pues fuera cerrarme el paso
de ayudar a tu enemigo.

(a parte)   (¡Oh, si supiera quién es!)   940
Rosaura.   Porque no pienses que estimo

pour te venger d'une offense,
comme tu me l'as dit toi-même,
ce n'est pas moi qui t'ai donné la vie,
parce que tu ne l'avais plus,
car une vie infâme n'est pas une vie. ——
(à part) (Par ces mots je vais exciter son courage.)

ROSAURE.   J'avoue ne plus l'avoir,
quoique de toi je la reçoive.
Mais par ma vengeance
je laisserai mon honneur si pur,
que ma vie pourra ensuite,
triomphant des dangers,
sembler un don venant de toi.

CLOTHALDE.   Reprends le glaive brillant
que tu as apporté; je sais
qu'il suffira, teint du sang
de ton ennemi, à te venger;
car un glaive qui fut à moi...
— je veux dire durant cet instant,
durant ce moment,
où je l'ai eu en mon pouvoir... —
saura te venger.

ROSAURE.   En ton nom,
pour la seconde fois je le ceins;
sur cette épée je jure de me venger,
mon ennemi fût-il beaucoup plus puissant.

CLOTHALDE.   L'est-il beaucoup?

ROSAURE.   Tellement que je ne puis le dire;
ce n'est pas qu'à ta sagesse
je n'ose confier de plus grandes choses,
mais pour que la faveur
que j'admire dans ta pitié
ne se tourne pas contre moi.

CLOTHALDE.   Me le dire
ce serait plutôt me gagner;
car ainsi ce serait m'interdire
de venir en aide à ton ennemi.
(à part) (Ah! si je pouvais le connaître!)

ROSAURE.   Pour que tu ne penses pas

           tan poco esa confianza,
           sabe que el contrario ha sido
           no menos que Astolfo, duque
           de Moscovia.
Clotaldo.   (Mal resisto   945
(aparte) el dolor, porque es más grave
           que fue imaginado, visto.
           Apuremos más el caso.)
           Si moscovita has nacido,
           el que es natural señor   950
           mal agraviarte ha podido.
           Vuélvete a tu patria, pues,
           y deja el ardiente brío
           que te despeña.
Rosaura.   Yo sé
           que, aunque mi príncipe ha sido,   955
           pudo agraviarme.
Clotaldo.   No pudo,
           aunque pusiera, atrevido,
           la mano en tu rostro.
(aparte)   (¡Ay cielos!)
Rosaura. Mayor fue el agravio mío.

Clotaldo. Dilo ya, pues que no puedes   960
           decir más que yo imagino.
Rosaura.   Sí dijera; mas no sé
           con qué respeto te miro,
           con qué afecto te venero,
           con qué estimación te asisto,   965
           que no me atrevo a decirte
           que es este exterior vestido
           enigma, pues no es de quien
           parece. Juzga, advertido,
           si no soy lo que parezco   970
           y Astolfo a casarse vino
           con Estrella, si podrá
           agraviarme. Harto te he dicho.
                    Vanse Rosaura y Clarín.
Clotaldo. ¡Escucha, aguarda, detente!
           ¿Qué confuso laberinto   975

que je méprise cette marque de confiance,
sache que mon adversaire
n'est rien de moins qu'Astolphe,
duc de Moscovie.

CLOTHALDE *(à part).* (Je supporte mal
cette douleur dont la vue me navre
plus que lorsque je l'imaginais.
Mais tâchons d'en savoir plus.)
Si tu es né Moscovite,
celui qui est ton seigneur naturel
a pu difficilement t'offenser :
retourne donc dans ta patrie
et laisse cette fougue ardente
qui t'emporte.

ROSAURE. Il a beau être mon prince,
moi je sais
qu'il a pu m'outrager.

CLOTHALDE. Non, il ne le pouvait pas,
même s'il avait eu l'audace
de te frapper au visage. *(à part)* Ah! ciel!

ROSAURE. Plus grand encore
est l'outrage qu'il m'a fait.

CLOTHALDE. Parle donc, tu ne saurais dire
plus que je n'imagine.

ROSAURE. Je parlerais bien; mais je ne sais
tant est grand le respect avec lequel je te regarde,
l'affection dont je te vénère,
l'estime que je te porte,
que je n'ose pas te dire
que ce vêtement extérieur
est une énigme; il n'est pas à qui
il semble appartenir.
Si je ne suis pas ce que je parais,
si Astolphe est venu pour épouser
Etoile, voyez comme il peut
m'outrager. Je t'en ai dit assez.

                    Sortent Rosaure et Clarín.

CLOTHALDE. Ecoute, attends, arrête!
Quel est ce labyrinthe

es éste, donde no puede
hallar la razón el hilo?
Mi honor es el agraviado,
poderoso el enemigo,
yo vasallo, ella mujer.   980
Descubra el cielo camino;
aunque no sé si podrá,
cuando, en tan confuso abismo,
es todo el cielo un presagio
y es todo el mundo un prodigio.   985

confus, où la raison ne peut
trouver le fil?
C'est mon honneur qui est outragé;
l'ennemi est puissant;
je suis vassal et elle est femme!
Que le ciel découvre un chemin.
Mais je ne sais s'il le pourra,
quand dans un abîme si confus
le ciel entier n'est que présage,
et prodige le monde entier.

SEGUNDA JORNADA

Salen el rey Basilio y Clotaldo.

Clotaldo. Todo, como lo mandaste,
          queda efetuado.
Basilio.   Cuenta,
          Clotaldo, cómo pasó.
Clotaldo. Fue, señor, desta manera :
          con la apacible bebida   990
          que de confecciones llena
          hacer mandaste, mezclando
          la virtud de algunas hierbas,
          cuyo tirano poder
          y cuya secreta fuerza   995
          así el humano discurso
          priva, roba y enajena,
          que deja vivo cadáver
          a un hombre, y cuya violencia,
          adormecido, le quita   1000
          los sentidos y potencias...
          No tenemos que argüir
          que aquesto posible sea,
          pues tantas veces, señor,
          nos ha dicho la experiencia,   1005
          y es cierto, que de secretos
          naturales está llena
          la medicina, y no hay
          animal, planta ni piedra

DEUXIÈME JOURNÉE

Entrent le roi Basyle et Clothalde.

CLOTHALDE.   Tout a été exécuté
comme tu l'avais ordonné.
BASYLE.   Raconte-moi, Clothalde,
comment cela s'est déroulé.
CLOTHALDE.   Ce fut, Seigneur, de cette façon :
avec le breuvage apaisant
que tu fis composer de plusieurs mixtures,
en y mélangeant la vertu
de quelques herbes, dont le pouvoir tyrannique
et la force secrète
étourdissent, dérobent et ravissent
si bien l'entendement humain
qu'ils transforment un homme en cadavre vivant,
et dont la violence le prive, en l'endormant,
de tous ses sens et de ses facultés...
Il n'y a pas à discuter
si cela est possible ou non,
car l'expérience nous a dit bien souvent,
Sire, et avec raison,
que la médecine est emplie de secrets naturels,
et qu'il n'y a point d'animal,
de plante ni de pierre

que no tenga calidad   1010
determinada; y si llega
a examinar mil venenos
la humana malicia nuestra
que den la muerte, ¿qué mucho
que, templada su violencia,   1015
pues hay venenos que maten,
haya venenos que aduerman?
Dejando aparte el dudar
si es posible que suceda,
pues que ya queda probado   1020
con razones y evidencias...
Con la bebida, en efeto,
que el opio, la adormidera
y el beleño compusieron,
bajé a la cárcel estrecha   1025
de Segismundo; con él
hablé un rato de las letras
humanas que le ha enseñado
la muda naturaleza
de los montes y los cielos,   1030
en cuya divina escuela
la retórica aprendió
de las aves y las fieras.
Para levantarle más
el espíritu a la empresa   1035
que solicitas, tomé
por asunto la presteza
de un águila caudalosa
que, despreciando la esfera
del viento, pasaba a ser   1040
en las regiones supremas
del fuego rayo de pluma,
o desasido cometa.
Encarecí el vuelo altivo,
diciendo : « Al fin eres reina   1045
de las aves, y así a todas
es justo que te prefieras. »
Él no hubo menester más,
que en tocando esta materia

qui n'ait une qualité propre;
et si notre humaine malice
a su trouver mille poisons capables
de donner la mort,
comment s'étonner,
puisqu'il est des poisons qui tuent,
que, leur violence tempérée,
il y ait des poisons procurant le sommeil?
Mais laissons de côté ces questions
de savoir, ou non,
si cela est possible,
puisque d'évidentes raisons prouvent suffisamment...
Donc, avec le breuvage
que l'opium, le pavot,
et la jusquiame avaient composé,
je descendis dans l'étroite prison
de Sigismond; je m'entretins
un instant avec lui des lettres humaines,
que lui a enseignées la muette nature
des monts et des cieux,
divine école où il apprit
la rhétorique des oiseaux et des bêtes féroces.
Afin d'exalter davantage
son esprit pour l'entreprise
que tu projettes,
je pris pour thème du débat la prouesse d'un aigle doré
qui, méprisant la sphère du vent,
dans les suprêmes régions du feu,
devenait un éclair de plume,
ou une comète éperdue.
Je célébrai son vol altier
en déclarant : « Oui, tu es bien le roi
des oiseaux; aussi est-il juste
que tu t'estimes supérieur. »
Il n'en fallut pas davantage,
car dès que l'on aborde cette matière

de la majestad, discurre   1050
con ambición y soberbia;
porque, en efeto, la sangre
le incita, mueve y alienta
a cosas grandes, y dijo :
« ¡Que en la república inquieta   1055
de las aves también haya
quien les jure la obediencia!
En llegando a este discurso
mis desdichas me consuelan;
pues, por lo menos, si estoy   1060
sujeto, lo estoy por fuerza,
porque voluntariamente
a otro hombre no me rindiera. »
Viéndole ya enfurecido
con esto, que ha sido el tema   1065
de su dolor, le brindé
con la pócima, y apenas
pasó desde el vaso el pecho
el licor, cuando las fuerzas
rindió al sueño, discurriendo   1070
por los miembros y las venas
un sudor frío, de modo
que a no saber yo que era
muerte fingida, dudara
de su vida. En esto llegan   1075
las gentes de quien tú fías
el valor desta experiencia,
y poniéndole en un coche
hasta tu cuarto le llevan,
donde prevenida estaba   1080
la majestad y grandeza
que es digna de su persona.
Allí en tu cama le acuestan,
donde al tiempo que el letargo
haya perdido la fuerza,   108
como a ti mismo, señor,
le sirvan, que así lo ordenas.
Y si haberte obedecido
te obliga a que yo merezca

de la majesté, le voilà qui discourt
aussitôt, plein d'ambition et de superbe ;
parce que son sang en effet l'incite,
le pousse et l'anime
aux grandes choses : « Ainsi, s'écria-t-il,
dans l'inquiète république des oiseaux
il en est aussi qui jurent à d'autres obéissance !
Dès que j'aborde ces réflexions,
je me console de mes malheurs ;
car du moins pour ma part,
si je suis assujetti,
c'est par la force que je le suis ;
et jamais je ne me serais soumis
de bon gré à un autre homme. »
Le voyant devenu furieux
par ces pensées, qui ont toujours été le thème
de sa douleur, je lui offris
la potion ; à peine eut-il
ingurgité la liqueur contenue
dans le verre, qu'il rendit ses forces
au sommeil, une sueur glacée
s'écoulant dans ses membres
et ses veines, au point
que si je n'avais su que ce n'était là
qu'une mort feinte, j'aurais douté
de sa vie. Là-dessus arrivent
les gens à qui tu as confié
la réussite de cette expérience ;
le déposant dans un carrosse,
ils le mènent à tes appartements,
où d'avance étaient préparées
la majesté et la grandeur
qui sont dignes de sa personne ;
là, ils le couchent dans ton lit,
où dès que la léthargie
aura perdu sa force,
il sera servi comme toi-même,
Sire, ainsi que tu l'ordonnes ;
et si mon obéissance,
mérite que j'obtienne quelque récompense

galardón, sólo te pido   1090
—perdona mi inadvertencia—
que me digas qué es tu intento,
trayendo de esta manera
a Segismundo a palacio.

Basilio.   Clotaldo, muy justa es esa   1095
duda que tienes, y quiero
sólo a vos satisfacerla.
A Segismundo, mi hijo,
el influjo de su estrella,
vos lo sabéis, amenaza   1100
mil desdichas y tragedias.
Quiero examinar si el cielo
—que no es posible que mienta,
y más habiéndonos dado
de su rigor tantas muestras   1105
en su crüel condictión—
o se mitiga o se templa
por lo menos, y vencido
con valor y con prudencia
se desdice; porque el hombre   1110
predomina en las estrellas.
Esto quiero examinar,
trayéndole donde sepa
que es mi hijo, y donde haga
de su talento la prueba.   1115
Si magnánimo se vence,
reinará; pero si muestra
el ser crüel y tirano,
le volveré a la cadena.
Agora preguntarás   1120
que para aquesta experiencia
¿qué importó haberle traído
dormido de esta manera?
Y quiero satisfacerte,
dándote a todo respuesta.   1125
Si él supiera que es mi hijo
hoy, y mañana se viera
segunda vez reducido
a su prisión y miseria,

de toi, je te demande seulement
(pardonne mon audace)
de me dire quelle est ton intention
en faisant amener de la sorte
Sigismond au palais?
BASYLE.   Clothalde, ta curiosité
est tout à fait justifiée et je veux te donner,
à toi seul, satisfaction.
L'influx de son étoile
(tu le sais) menace mon fils Sigismond
de mille disgrâces, de mille tragédies.
Je veux vérifier si le ciel,
— qui ne saurait évidemment mentir,
d'autant plus qu'il nous a donné
tant de démonstrations de sa rigueur,
en son naturel cruel —
s'apaise, ou du moins
se tempère, et, maîtrisé
par le courage et la prudence,
se dédit; car l'homme
prédomine sur les étoiles.
Voilà ce que je veux vérifier
en l'amenant là où il puisse savoir
qu'il est mon fils, et où il puisse faire
ses preuves.
Si sa hauteur d'âme lui permet de se vaincre,
il régnera; mais s'il démontre
qu'il est cruel et tyrannique,
je le renverrai à ses chaînes.
Maintenant tu vas demander
si, pour cette expérience,
il importait de l'amener
endormi de cette manière?
Et je veux te donner satisfaction
en te répondant sur tout.
S'il savait qu'il est mon fils
aujourd'hui, et qu'il se vît demain
pour la seconde fois réduit
à sa prison, à sa misère,

                    cierto es de su condición   1130
                    que desesperara en ella;
                    porque sabiendo quién es,
                    ¿qué consuelo habrá que tenga?
                    Y así he querido dejar
                    abierta al daño esta puerta   1135
                    del decir que fue soñado
                    cuanto vio. Con esto llegan
                    a examinarse dos cosas:
                    su condición, la primera;
                    pues él despierto procede   1140
                    en cuanto imagina y piensa;
                    y el consuelo, la segunda,
                    pues aunque agora se vea
                    obedecido, y después
                    a sus prisiones se vuelva,   1145
                    podrá entender que soñó,
                    y hará bien cuando lo entienda;
                    porque en el mundo, Clotaldo,
                    todos los que viven sueñan.
Clotaldo.   Razones no me faltaran   1150
                    para probar que no aciertas.
                    Mas ya no tiene remedio,
                    y según dicen las señas,
                    parece que ha despertado
                    y hacia nosotros se acerca.   1155
Basilio.   Yo me quiero retirar.
                    Tú, como ayo suyo, llega,
                    y de tantas confusiones
                    como su discurso cercan
                    le saca con la verdad.   1160
Clotaldo.   En fin, ¿que me das licencia
                    para que lo diga?
Basilio.   Sí;
                    que podrá ser, con saberla,
                    que, conocido el peligro,
                    más fácilmente se venza.   1165

                         Vase y sale Clarín.

Clarín.   (A costa de cuatro palos
(aparte)   que el llegar aquí me cuesta

on peut être assuré, étant donné son caractère,
qu'il en serait profondément désespéré ;
sachant en effet qui il est,
quelle consolation pourrait-il bien trouver ?
Aussi ai-je voulu, en cas de malheur,
laisser la porte ouverte à cette possibilité
de dire que tout ce qu'il a vu
ne fut qu'un rêve. De la sorte, deux choses
seront vérifiées : d'abord nous connaîtrons
son caractère,
car il agira éveillé,
selon tout ce qu'il pense et imagine ;
en second lieu, il aura la consolation,
car, même si d'abord obéi,
il est rendu à sa prison,...
il pourra juger que ce fut un rêve ;
et il aura raison de le comprendre ainsi,
car en ce monde, assurément, Clothalde,
tous ceux qui vivent, rêvent.

CLOTHALDE.   Je ne serais pas court d'arguments
pour prouver que tu fais erreur.
Mais on n'y peut rien désormais,
puisqu'il semble bien
qu'il s'est réveillé
et s'approche de nous.

BASYLE.   Je vais me retirer.
Toi qui es son précepteur
va l'accueillir, et de toutes les confusions
qui assaillent sa raison
détrompe-le en lui disant la vérité.

CLOTHALDE.   Ainsi donc tu me donnes licence
de tout lui révéler ?

BASYLE.   Oui, car il se pourrait, s'il sait la vérité,
que connaissant le danger,
il lui soit plus facile de se dominer.

Il sort. Entre Clarín.

CLARÍN *(à part)*.   (Au prix de quatre coups de trique
qu'il m'en coûte pour arriver ici,
et que m'a flanqués

de un alabardero rubio
que barbó de su librea,
tengo de ver cuanto pasa;   1170
que no hay ventana más cierta
que aquella que, sin rogar
a un ministro de boletas,
un hombre se trae consigo;
pues para todas las fiestas   1175
despojado y despejado
se asoma a su desvergüenza.)

Clotaldo.   (Este es Clarín, el criado
(aparte)   de aquella, ¡ay cielos!, de aquella
               que, tratando de desdichas,   1180
               pasó a Polonia mi afrenta.)
               Clarín, ¿qué hay de nuevo?
Clarín.   Hay,
               señor, que tu gran clemencia,
               dispuesta a vengar agravios
               de Rosaura, la aconseja   1185
               que tome su propio traje.
Clotaldo.   Y es bien, porque no parezca
               liviandad.
Clarín.   Hay que, mudando
               su nombre y tomando, cuerda,
               nombre de sobrina tuya,   1190
               hoy tanto honor se acrecienta
               que dama en palacio ya
               de la singular Estrella
               vive.
Clotaldo.   Es bien que de una vez
               tome su honor por mi cuenta.   1195
Clarín.   Hay que ella se está esperando
               que ocasión y tiempo venga
               en que vuelvas por su honor.
Clotaldo.   Prevención segura es ésa;
               que al fin el tiempo ha de ser   1200
               quien haga esas diligencias.
Clarín.   Hay que ella está regalada,

un hallebardier
à la barbe aussi rousse
que sa livrée,
je viens voir tout ce qui se passe;
car il n'est balcon plus sûr
que celui que, sans rien demander
au distributeur de billets d'entrée,
on apporte avec soi;
car ainsi dans toutes les fêtes
sans un denier, riche de son toupet,
on montre le bout de son nez.)

CLOTHALDE *(à part)*. (Voici Clarín le domestique,
de cette femme, ah! ciel!
qui, colportant les infortunes,
apporte en Pologne mon déshonneur.)
Clarín, qu'y a-t-il de nouveau?

CLARÍN. Il y a, mon seigneur, que ta grande clémence
disposée à venger les outrages
infligés à Rosaure, lui conseille
de revêtir ses vrais habits.

CLOTHALDE. Cela est convenable en effet,
pour qu'on ne l'accuse de légèreté.

CLARÍN. Il y a que, changeant de nom
et se faisant, fort sagement,
passer pour ta nièce, aujourd'hui
elle est l'objet de tant d'honneurs
qu'elle habite au Palais désormais,
devenue la suivante
de l'incomparable Etoile.

CLOTHALDE. Il convient qu'une fois pour toutes,
je prenne son honneur à mon compte.

CLARÍN. Il y a qu'elle attend
que le temps vienne, et l'occasion
où de son honneur tu prendras la défense.

CLOTHALDE. C'est une juste précaution;
le temps en effet pourra
se charger de ce soin.

CLARÍN. Il y a qu'elle est fort bien traitée,

                servida como una reina,
                en fe de sobrina tuya.
                Y hay que, viniendo con ella,   1205
                estoy yo muriendo de hambre
                y naide de mí se acuerda,
                sin mirar que soy Clarín,
                y que si el tal Clarín suena,
                podrá decir cuanto pasa   1210
                al Rey, a Astolfo y a Estrella;
                porque Clarín y criado
                son dos cosas que se llevan
                con el secreto muy mal;
                y podrá ser, si me deja   1215
                el silencio de su mano,
                se cante por mí esta letra:
                Clarín que rompe el albor
                    no suena mejor.
Clotaldo. Tu queja está bien fundada;   1220
                yo satisfaré tu queja,
                y en tanto sírveme a mí.
Clarín. Pues ya Segismundo llega.

Salen Músicos, cantando, y Criados, dando de vestir a
            Segismundo, que sale como asombrado.

Segismundo.   ¡Válgame el cielo, qué veo!
                ¡Válgame el cielo, qué miro!   1225
                Con poco espanto lo admiro,
                con mucha duda lo creo.
                    ¿Yo en palacios suntuosos?
                ¿Yo entre telas y brocados?
                ¿Yo cercado de criados   1230
                tan lucidos y briosos?
                    ¿Yo despertar de dormir
                en lecho tan excelente?
                ¿Yo en medio de tanta gente
                que me sirva de vestir?   1235
                    Decir que sueño es engaño;
                bien sé que despierto estoy.
                ¿Yo Segismundo no soy?
                Dadme, ¡cielos!, desengaño.

servie comme une reine,
car elle passe pour ta nièce.
Et il y a que moi qui l'accompagne
je meurs de faim,
et de moi personne n'a cure ;
on oublie que je suis Clarín
et que si ce clairon se mettait à sonner,
il pourrait dire tout ce qui se passe
au Roi, à Astolphe, à Etoile ;
car clairon et valet,
ça rime mal avec secret ;
il se pourrait très bien que l'on chante de moi,
si le silence m'abandonne,
ce petit couplet :
Clairon qui sonne
au point du jour
ne sonne mieux.

CLOTHALDE. Ta plainte me paraît fondée ; j'y remédierai.
En attendant, mets-toi à mon service.

CLARÍN. Voici venir Sigismond.

> *Entrent en chantant des musiciens et des domestiques*
> *donnant des vêtements à Sigismond qui paraît stupéfait.*

SIGISMOND. Le ciel me protège ! Que vois-je ?
Le ciel me protège ! Qu'est-ce là ?
Tout m'éblouit sans m'étonner,
et tout me fait douter sans m'empêcher d'y croire !
Moi, dans des palais somptueux ?
Moi, au milieu d'étoffes et de brocarts ?
Moi, entouré de domestiques
si pleins de grâce et d'élégance ?
Moi, m'éveiller de mon sommeil
au creux d'un lit aussi moelleux ?
Moi parmi tant de gens
qui me présentent mes vêtements ?
Dire que c'est un songe est une illusion :
je sais bien que je suis éveillé.
Ne suis-je donc pas Sigismond ?
Oh, ciel ! désabusez-moi.

    Decidme, ¿qué pudo ser   1240
  esto que a mi fantasía
  sucedió mientras dormía,
  que aquí me he llegado a ver?
    Pero sea lo que fuere,
  ¿quién me mete a discurrir?   1245
  Dejarme quiero servir?
  y venga lo que viniere.
Criado 2º. ¡Qué mélancólico está!
Criado 1º. Pues ¿a quién le sucediera
  esto, que no lo estuviera?   1250
Clarín. A mí.
Criado 2º. Llega a hablarle ya.
Criado 1º. ¿Volverán a cantar?

Segismundo.   No,
  no quiero que canten más.
Criad 2º. Como tan suspenso estás,
  quise divertirte.
Segismundo.   Yo   1255
  no tengo de divertir
  con sus voces mis pesares;
  las músicas militares
  sólo he gustado de oír.
Clotaldo. Vuestra Alteza, gran señor, 1260
  me dé su mano a besar,
  que el primero le ha de dar
  esta obediencia mi honor.
Segismundo. (Clotaldo es; pues ¿cómo así
(aparte) quien en prisión me maltrata 1265
  con tal respeto me trata?
  ¿Qué es lo que pasa por mí?)
Clotaldo. Con la grande confusión
  que el nuevo estado te da,
  mil dudas padecerá   1270
  el discurso y la razón.
    Pero ya librarte quiero
  de todas, si puede ser,
  porque has, señor, de saber
  que eres príncipe heredero 1275

Dites-moi, qu'est-il survenu
à mon imagination pendant que je dormais
pour me retrouver en ces lieux?
Mais de toute façon,
à quoi bon ces réflexions?
Je veux me laisser servir,
et advienne que pourra.

PREMIER DOMESTIQUE.   Comme il est mélancolique!

DEUXIÈME DOMESTIQUE.   Qui ne le serait tout autant
   en de pareilles circonstances?

CLARÍN.   Moi.

DEUXIÈME DOMESTIQUE.   Approche-toi pour lui parler.

PREMIER DOMESTIQUE.   Veux-tu qu'ils chantent à nouveau?

SIGISMOND.   Non, je ne veux pas qu'ils chantent davantage.

DEUXIÈME DOMESTIQUE.   Tu avais l'air si stupéfait!
   J'ai voulu te distraire.

SIGISMOND.   Je n'ai pas l'intention de distraire
   avec leurs voix mes chagrins;
   je n'ai jamais aimé entendre
   que les marches militaires.

CLOTHALDE.   Que Votre Altesse, Monseigneur,
   me donne sa main à baiser;
   mon honneur veut être le premier
   à lui rendre cet hommage.

SIGISMOND.   *(à part)*. Voici Clothalde; comment se fait-il
   que celui qui me maltraite en prison,
   me traite avec tant de respect?
   Qu'est-ce qu'il m'arrive?

CLOTHALDE.   Dans le grand trouble
   où te plonge ton nouvel état,
   ton jugement et ta raison
   doivent éprouver mille doutes;
   mais je veux maintenant
   t'en délivrer, s'il se peut,
   car il faut que tu saches, Seigneur,
   que tu es le Prince héritier

de Polonia. Si has estado
retirado y escondido,
por obedecer ha sido
a la inclemencia del hado,
    que mil tragedias consiente   1280
a este imperio, cuando en él
el soberano laurel
corone tu augusta frente.
    Mas fiando a tu atención
que vencerás las estrellas,   1285
porque es posible vencellas
a un magnánimo varón,
    a palacio te han traído
de la torre en que vivías,
mientras al sueño tenías   1290
el espíritu rendido.
    Tu padre, el Rey, mi señor,
vendrá a verte y dél sabrás,
Segismundo, lo demás.
Segismundo. Pues vil, infame y traidor,   1295
    ¿qué tengo más que saber,
después de saber quién soy,
para mostrar desde hoy
mi soberbia y mi poder?
    ¿Cómo a tu patria le has hecho   1300
tal traición, que me ocultaste
a mí, pues que me negaste,
contra razón y derecho,
    este estado?

Clotaldo.   ¡Ay de mí, triste!
Segismundo. Traidor fuiste con la ley,   1305
lisonjero con el Rey,
y cruel conmigo fuiste;
    y así el Rey, la ley y yo,
entre desdichas tan fieras,
te condenan a que mueras   1310
a mis manos.
Criado 2º.   Señor...

Segismundo.   No
me estorbe nadie, que es vana

de Pologne; si jusque-là tu as vécu
à l'écart du monde, caché,
c'était pour rendre obéissance
à l'inclémence du destin,
qui laisse prévoir mille tragédies
pour cet empire, lorsque le laurier
souverain couronnera
ton front auguste.
Mais comptant bien que par ta diligence
tu sauras vaincre les étoiles,
car un homme magnanime
peut en être vainqueur,
on t'a amené au palais
de la tour où tu vivais,
alors que ton esprit était
livré au sommeil.
Ton père, le Roi mon seigneur,
viendra te voir et de lui tu sauras,
Sigismond, tout le reste.

SIGISMOND. Eh bien! vil, infâme, félon,
que me reste-t-il à savoir,
si je sais qui je suis,
pour manifester désormais
mon orgueil et mon pouvoir?
Comment as-tu osé commettre
envers ta patrie pareille trahison
en me tenant ainsi caché,
en me refusant,
au déni de tout droit et de toute raison,
cet état?

CLOTHALDE. Ah! malheureux de moi!

SIGISMOND. Tu as trahi la loi,
adulé le Roi,
et tu t'es montré cruel envers moi;
aussi le Roi, la loi et moi,
au milieu de ces cruels malheurs,
nous te condamnons à mourir
de mes mains.

DEUXIÈME DOMESTIQUE. Seigneur...

SIGISMOND. Que personne à moi ne s'oppose!

           diligencia; y ¡vive Dios!,
           si os ponéis delante vos,
           que os eche por la ventana.   1315

Criado I° .   Huye, Clotaldo.
Clotaldo.   ¡Ay de ti,
           qué soberbia vas mostrando,
           sin saber que estás soñando!

                     Vase.

Criado 2° .   Advierte...

Segismundo.   Apartad de aquí.
Criado 2° .   ... que a su Rey obedeció.   1320
Segismundo.   En lo que no es justa ley
           no ha de obedecer al Rey,
           y su príncipe era yo.
Criado 2° .   Él no debió examinar
           si era bien hecho o mal hecho.   1325
Segismundo.   Que estáis mal con vos sospecho,
           pues me dais que replicar.

Clarín.   Dice el príncipe muy bien,
           y vos hicistes muy mal.
Criado I° .   ¿Quién os dio licencia igual?   1330
Clarín.   Yo me la he tomado.
Segismundo.   ¿Quién
           eres tú?, di.
Clarín.   Entremetido,
           y deste oficio soy jefe,
           porque soy el mequetrefe
           mayor que se ha conocido.   1335
Segismundo.   Tú solo en tan nuevos mundos
           me has agradado.

Clarín.   Señor,
           soy un grande agradador
           de todos los Segismundos.

                   Sale Astolfo.

Astolfo.   ¡Feliz mil veces el día,   1340
           oh Príncipe, que os mostráis,

Ce serait inutile; quant à toi,
vive Dieu! si tu te mets devant moi,
je te jette par la fenêtre!
PREMIER DOMESTIQUE. Fuis, Clothalde.
CLOTHALDE.   Malheur à toi!
  Quel orgueil tu montres,
  sans savoir que tu rêves!

Il sort.

DEUXIÈME DOMESTIQUE.   Considère...

SIGISMOND.   Ecarte-toi de là.
DEUXIÈME DOMESTIQUE.   ... qu'il a obéi à son Roi.
SIGISMOND.   En ce qui n'est point juste loi,
  il n'a pas à obéir au Roi;
  j'étais son Prince.
DEUXIÈME DOMESTIQUE.   Il n'avait pas à examiner
  s'il agissait à tort ou à raison.
SIGISMOND.   Je soupçonne que tu cherches
  ta perte, puisque tu m'obliges
  à te répliquer.
CLARÍN.   Le Prince a tout à fait raison,
  et vous, vous agissez fort mal.
DEUXIÈME DOMESTIQUE.   Qui vous a donné la permission?
CLARÍN.   Je l'ai prise tout seul.
SIGISMOND.   Toi, qui es-tu, dis-moi?

CLARÍN.   Quelqu'un qui se mêle de tout,
  pour ça je n'ai pas mon pareil,
  car je suis le plus grand fâcheux
  qui se soit jamais vu.
SIGISMOND.   Tu es bien le seul,
  en ce monde nouveau,
  qui ait réussi à me plaire.
CLARÍN.   Monseigneur, en effet je m'y entends pour plaire
  à tous les Sigismond qui existent sur terre.

Entre Astolphe.

ASTOLPHE.   Heureux mille fois le jour,
  O Prince, où vous apparaissez,

sol de Polonia, y llenáis
de resplandor y alegría
  todos estos horizontes
con tan divino arrebol;   1345
pues que salís como el sol
de debajo de los montes!
  Salid, pues, y aunque tan tarde
se corona vuestra frente
del laurel resplandeciente,   1350
tarde muera.

Segismundo.   Dios os guarde.
Astolfo. El no haberme conocido
sólo por disculpa os doy
de no honrarme más. Yo soy
Astolfo, duque he nacido   1355
  de Moscovia, y primo vuestro :
haya igualdad en los dos.

Segismundo. Si digo que os guarde Dios,
¿ bastante agrado no os muestro?
Pero ya que, haciendo alarde   1360
de quien sois, desto os quejáis,
otra vez que me veáis
le diré a Dios que nos os guarde.
Criado 2º . Vuestra Alteza considere
(a Astolfo) que como en montes nacido   1365
con todos ha procedido.

  (a Segismundo) Astolfo, señor, prefiere...
Segismundo Cansóme como llegó
grave a hablarme; y lo primero
que hizo, se puso el sombrero.   1370

Criado 2º . Es grande.
Segismundo.   Mayor soy yo.
Criado 2º . Con todo eso, entre los dos
que haya más respeto es bien
que entre los demás.
Segismundo.   ¿Y quién
os mete conmigo a vos?   1375

Soleil de Pologne, emplissant
de splendeur et de joie
tous les horizons
par ce divin embrasement;
car vous sortez ainsi que le soleil
de sous les monts!
Venez à nous et quoique votre front
se voie si tardivement couronné
du laurier resplendissant,
qu'il tarde longtemps, aussi, à mourir.

SIGISMOND.   Que Dieu vous garde.

ASTOLPHE.   La seule excuse que je vous accorde
pour ne pas m'honorer davantage,
est de ne pas me connaître encore.
Je suis Astolphe. Par ma naissance
je suis duc de Moscovie,
et votre cousin. Traitons-nous
d'égal à égal.

SIGISMOND.   Si je dis que Dieu vous garde,
n'ai-je pour vous assez d'égards?
Mais, puisque tirant vanité
de ce que vous êtes, vous vous plaignez,
la prochaine fois que vous me verrez
je dirai à Dieu de ne point vous garder.

DEUXIÈME DOMESTIQUE. *(à Astolphe)*.   Que votre Altesse
[considère
qu'il a agi envers tout le monde
ainsi qu'un homme né au milieu des montagnes.
(à Sigismond). Astolphe, Seigneur, a rang de...

SIGISMOND.   L'arrogance avec laquelle
il s'est adressé à moi, m'a déplu
et la première chose qu'il fit,
ce fut de mettre son chapeau.

DEUXIÈME DOMESTIQUE.   Il est Grand du Royaume.

SIGISMOND.   Je le suis plus encore.

DEUXIÈME DOMESTIQUE.   Malgré tout, il convient
qu'entre vous deux il y ait
plus de respect qu'entre les autres.

SIGISMOND.   Eh! dites-moi, vous,
de quoi vous mêlez-vous?

Sale Estrella.

Estrella.   Vuestra Alteza, señor, sea
          muchas veces bien venido
          al dosel, que agradecido
          le recibe y le desea,
               adonde, a pesar de engaños,   1380
          viva augusto y eminente,
          donde su vida se cuente
          por siglos, y no por años.

Segismundo   Dime tú agora, ¿quién es
          esta beldad soberana?   1385
          ¿Quién es esta diosa humana,
          a cuyos divinos pies
               postra el cielo su arrebol?
          ¿Quién es esta mujer bella?
Clarín. Es, señor, tu prima Estrella.   1390
Segismundo   Mejor dijeras el sol.
               Aunque el parabién es bien
          darme del bien que conquisto,
          de sólo haberos hoy visto
          os admito el parabién;   1395
          y así, del llegarme a ver
          con el bien que no merezco,
          el parabién agradezco,
          Estrella, que amanecer
               podéis, y dar alegría   1400
          al más luciente farol.
          ¿Qué déjáis que hacer al sol,
          si os levantáis con el día?
               Dadme a besar vuestra mano,
          en cuya copa de nieve   1405
          el aura candores bebe.

Estrella. Sed más galán cortesano.

Astolfo. (aparte.) (Si él toma la mano, yo
          soy perdido.)
Criado 2º.   *(aparte)* (El pesar sé

Entre Etoile.

ÉTOILE.   Que votre Altesse, Monseigneur,
   soit mille fois le bienvenu
   sous le dais qui avec gratitude
   l'accueille et la désire;
   qu'en dépit des oracles trompeurs,
   vous y puissiez vivre
   auguste et éminent,
   et votre vie puisse-t-elle se compter
   par siècles et non par années.
SIGISMOND. *(à Clarín)*.   Dis-moi donc sans tarder
   quelle est cette beauté souveraine?
   Quelle est cette déesse humaine,
   aux pieds divins de qui
   le ciel prosterne ses lueurs embrasées.
   Quelle est cette femme si belle?
CLARÍN.   Seigneur, c'est ta cousine Etoile.
SIGISMOND.   Tu ferais mieux de dire le soleil.
   Quoiqu'il soit bien venu
   de me féliciter du bien qui m'est venu,
   seulement pour vous avoir vue
   j'accepte votre bienvenue;
   ainsi je vous sais gré de vos compliments
   pour le bien que je trouve,
   sans l'avoir mérité,
   j'agrée votre bienvenue,
   Etoile, qui pouvez briller,
   comme le jour et accroître l'éclat
   du plus brillant flambeau,
   que laissez-vous au soleil,
   si vous faites se lever le jour?
   Donnez-moi votre main à baiser;
   dans sa coupe de neige,
   la brise de candeurs se désaltère.
ÉTOILE.   Soyez plus galant courtisan!
ASTOLPHE. *(à part)*.   (S'il lui prend la main,
   je suis perdu.)
DEUXIÈME DOMESTIQUE. *(à part)*.   (Je connais les soucis

        de Astolfo, y le estorbaré.)   1410
        Advierte, señor, que no
           es justo atreverse así,
        y estando Astolfo...
Segismundo. ¿   No digo
        que vos no os metais conmigo?
Criado 2º. Digo lo que es justo.
Segismundo.   A mí   1415
        todo eso me causa enfado.
        Nada me parece justo
        en siendo contra mi gusto.
Criado 2º. Pues yo, señor, he escuchado
        de ti que en lo justo es bien   1420
        obedecer y servir.

Segismundo. También oíste decir
        que por un balcón, a quien
        me canse, sabré arrojar.
Criado 2º. Con los hombres como yo   1425
        no puede hacerse eso.
Segismundo.   ¿No?
        ¡Por Dios, que lo he de probar!

        Cógele en los brazos y éntrase, y todos tras él, y torna a salir.

Astolfo.   ¿Qué es esto que llego a ver?
Estrella. Llegad todos a ayudar.

                    Vase.

Segismundo. Cayó del balcón al mar.   1430
        ¡Vive Dios que pudo ser!
Astolfo.   Pues medid con más espacio
        vuestras acciones severas;
        que lo que hay de hombres a fieras
        hay desde un monte a palacio.   1435

Segismundo.   Pues en dando tan severo
        en hablar con entereza,
        quizá no hallaréis cabeza
        en que se os tenga el sombrero.

d'Astolphe; je vais l'en empêcher.)
Considère, Seigneur, qu'il n'est pas juste
de s'enhardir ainsi,
et en présence d'Astolphe...

SIGISMOND.   Ne vous-ai-je point dit de ne
pas vous mêler...

DEUXIÈME DOMESTIQUE.   Je dis ce qui est juste.

SIGISMOND.   Moi tout cela me fâche.
Et plus rien ne me paraît juste,
dès que cela va contre mon bon plaisir.

DEUXIÈME DOMESTIQUE.   Pourtant, Seigneur, j'ai entendu
de ta bouche qu'il est bien
d'obéir et de servir
en tout ce qui est juste.

SIGISMOND.   As-tu aussi entendu dire
que je saurai fort bien jeter
par la fenêtre le premier importun?

DEUXIÈME DOMESTIQUE.   Avec des hommes comme moi,
on ne peut en user ainsi.

SIGISMOND.   Vraiment?
Par Dieu, vous allez voir!

> *Il le prend dans ses bras et sort;*
> *tous le suivent; il revient aussitôt sur scène.*

ASTOLPHE.   Que vois-je donc là?

ÉTOILE.   Accourez tous à l'aide!

> *Elle sort.*

SIGISMOND.   Il est tombé du balcon dans la mer.
Morbleu! je le disais bien!

ASTOLPHE.   Vous devriez, Seigneur, mesurer davantage
vos actes violents;
il y a aussi loin en effet
de l'homme à la bête sauvage
que de la montagne au palais.

SIGISMOND.   Eh bien, si vous avez l'insolence
de poursuivre sur ce ton,
peut-être ne trouverez-vous
plus de tête où votre chapeau
puisse se poser.

Vase Astolfo y sale et Rey.

Basilio.   ¿Qué ha sido esto?
Segismundo.   Nada ha sido.   1440
    A un hombre que me ha cansado
    de ese balcón he arrojado.
Clarín.   Que es el Rey está advertido.
Basilio.   ¿Tan presto una vida cuesta
    tu venida el primer día?   1445
Segismundo.   Díjome que no podía
    hacerse, y gané la apuesta.
Basilio.   Pésame mucho que cuando,
    príncipe, a verte he venido,
    pensando hallarte advertido,   1450
    de hados y estrellas triunfando,
      con tanto rigor te vea,
    y que la primera acción
    que has hecho en esta ocasión
    un grave homicidio sea.   1455
      ¿Con qué amor llegar podré
    a darte agora mis brazos,
    si de sus soberbios lazos,
    que están enseñados sé
      a dar muerte? ¿Quién llegó   1460
    a ver desnudo el puñal
    que dio una herida mortal,
    que no temiese? ¿Quién vio
      sangriento el lugar, adonde
    a otro hombre dieron muerte,   1465
    que no sienta? Que al más fuerte
    a su natural responde.
      Yo así, que en tus brazos miro
    de esta muerte et instrumento,
    y miro el lugar sangriento,   1470
    de tus brazos me retiro;
      y aunque en amorosos lazos
    ceñir tu cuello pensé,
    sin ellos me volveré,
    que tengo miedo a tus brazos.   1475

Astolphe sort; entre le Roi.

BASYLE.   Que s'est-il passé ?

SIGISMOND.   Ce n'est rien.
  Je n'ai fait que jeter du haut de ce balcon
  un homme qui m'importunait.

CLARÍN.   Prends garde, c'est le Roi.

BASYLE.   Ainsi donc, dès le premier jour,
  ton arrivée doit coûter une vie ?

SIGISMOND.   Il prétendait que ce n'était pas possible ;
  j'ai gagné le pari.

BASYLE.   Prince, il m'est fort pénible
  alors que je venais te voir,
  pensant te trouver averti,
  triomphant du destin et des étoiles,
  de découvrir en toi une telle violence,
  et que la première action
  que tu aies faite en l'occurrence,
  soit un grave homicide.
  Avec quel amour pourrai-je désormais
  venir à toi pour te tendre les bras,
  si je sais que les étreintes orgueilleuses
  de tes bras ont appris
  à donner la mort ? Qui a vu
  jamais le poignard dénudé
  ayant infligé une blessure mortelle,
  sans en éprouver de la crainte ? Qui
  a vu jamais sans émotion le lieu ensanglanté
  où un homme a reçu la mort ?
  Le plus fort
  obéit à son instinct.
  Moi, de même, qui vois en tes bras
  l'instrument de cette mort
  et qui regarde le lieu funeste,
  je m'écarte de tes bras.
  Je voulais de liens d'amour
  ceindre ton cou ;
  mais je repartirai pourtant sans l'avoir fait ;
  car tes bras me font peur.

Segismundo.   Sin ellos me podré estar
                   como me he estado hasta aquí;
                   que un padre que contra mí
                   tanto rigor sabe usar,
                       que con condición ingrata   1480
                   de su lado me desvía,
                   como a una fiera me cría,
                   y como a un monstruo me trata,
                       y mi muerte solicita,
                   de poca importancia fue   1485
                   que los brazos no me dé,
                   cuando el ser de hombre me quitta.

Basilio.   Al cielo y a Dios pluguiera
                 que a dártele no llegara;
                 pues ni tu voz escuchara,   1490
                 ni tu atevimiento viera.

Segismundo.   Si no me lo hubieras dado,
                   no me quejara de ti;
                   pero una vez dado, sí,
                   por habérmele quitado;   1495
                       que aunque el dar el acción es
                   más noble y más singular,
                   es mayor bajeza el dar,
                   para quitarlo después.

Basilio.   ¡Bien me agradeces el verte,   1500
                 de un humilde y pobre preso,
                 príncipe ya!

Segismundo.   Pues en eso
                   ¿qué tengo que agradecerte?
                       Tirano de mi albedrío,
                   si viejo y caduco estás,   1505
                   muriéndote, ¿qué me das?
                   ¿Dasme más de lo que es mío?
                       Mi padre eres y mi rey;
                   luego toda esta grandeza
                   me da la naturaleza   1510
                   por derechos de su ley;
                       Luego, aunque esté en este estado,
                   obligado no te quedo,
                   y pedirte cuentas puedo

SIGISMOND.   Je saurais m'en passer
   comme je l'ai su jusqu'ici ;
   un père qui sait user contre moi
   d'une telle rigueur,
   un père dont le naturel ingrat
   m'écarte de ses côtés,
   qui m'élève comme une bête féroce,
   et me traite comme un monstre,
   et recherche ma mort,
   il ne m'importe guère
   qu'il refuse de m'embrasser,
   quand il me dénie une vie humaine.
BASYLE.   Plût au ciel et à Dieu
   que jamais je ne te l'eusse donnée,
   car je n'aurais ainsi ni entendu ta voix
   ni vu ton insolence !
SIGISMOND.   Si tu ne m'avais jamais donné tes bras,
   je ne me plaindrais pas de toi ;
   mais je me plains que, me l'ayant donnée,
   tu me la reprennes aujourd'hui ;
   si donner en effet est l'action
   la plus noble et la plus singulière,
   la plus ignoble vilenie
   est de donner pour reprendre ensuite.
BASYLE.   Belle façon de me remercier
   d'avoir d'un humble et pauvre prisonnier
   fait aujourd'hui rien moins qu'un Prince !
SIGISMOND.   Pourquoi
   ai-je à t'en remercier ?
   Toi, le tyran de ma liberté,
   si tu es maintenant vieux et caduc,
   que me donnes-tu en mourant ?
   Me donnes-tu plus que ce qui m'est dû ?
   Tu es mon père et mon Roi :
   par conséquent toute cette grandeur,
   c'est la nature qui me la donne
   de droit, en vertu de sa loi ;
   par conséquent, même si
   je me vois en cet état,
   je ne t'en suis pas obligé,
   et je peux bien te demander des comptes

del tiempo que me has quitado   151
    libertad, vida y honor;
y así, agradéceme a mí
que yo no cobre de ti,
pues eres tú mi deudor.

Basilio.   Bárbaro eres y atrevido;   152
cumplió su palabra el cielo;
y así, para él mismo apelo,
soberbio desvanecido.
    Y aunque sepas ya quién eres
y desengañado estés,   152
y aunque en un lugar te ves
donde a todos te prefieres,
    mira bien lo que te advierto:
que seas humilde y blando,
porque quizá estás soñando,   153
aunque ves que estás despierto.

                    Vase.

Segismundo.   ¿Que quizá soñando estoy,
aunque despierto me veo?
No sueño, pues toco y creo
lo que he sido y lo que soy.   153
    Y aunque agora te arrepientas,
poco remedio tendrás;
sé quien soy, y no podrás,
aunque suspires y sientas,
    quitarme el haber nacido   1540
desta corona heredero;
y si me viste primero
a las prisiones rendido,
    fue porque ignoré quién era.
Pero ya informado estoy   1545
de quién soy, y sé que soy
un compuesto de hombre y fiera.

                    Sale Rosaura, dama.

Rosaura.   *(aparte)*   (Siguiendo a Estrella vengo
y gran temor de hallar a Astolfo tengo;

du temps pendant lequel tu m'as ravi
ma liberté, ma vie et mon honneur.
C'est à toi plutôt de me remercier
que je ne te fasse rien payer,
car c'est toi en effet qui es mon débiteur.

BASYLE.   Tu n'es qu'un barbare et un insolent.
Le ciel a tenu sa parole;
c'est donc à lui que j'en appelle,
l'orgueil te fait perdre le sens.
Et même si tu sais désormais qui tu es,
quoique tu sois désabusé,
et que tu te voies en un lieu
où tu as sur tous la primauté,
écoute bien ce que je veux te dire :
sois humble et modeste
car même si tu crois que tu es éveillé,
tu es peut-être en train de rêver.

Il sort.

SIGISMOND.   Serais-je en train de rêver,
bien que je me croie éveillé?
Non, je ne rêve pas, car je touche et je crois
ce que j'ai été et ce que je suis.
Et même si à présent tu te repens,
cela ne te sera que d'un faible secours.
Je sais qui je suis, et tu ne pourras pas,
malgré tes soupirs et tes regrets,
m'empêcher d'être par ma naissance
l'héritier de cette couronne;
et si tu m'as vu tout d'abord
résigné à mes fers,
c'est que j'ignorais qui j'étais;
mais je sais désormais
qui je suis, et je sais que je suis
un mélange d'homme et de bête.

Entre Rosaure, dame.

ROSAURE. *(à part).* (Je viens ici pour rejoindre Etoile,
et j'ai grand peur de rencontrer Astolphe;

que Clotaldo desea   1550
que no sepa quién soy, y no me vea,
porque dice que importa al honor mío;
y de Clotaldo fío
su efeto, pues le debo, agradecida,
aquí el amparo de mi honor y vida.)   1555

Clarín. ¿Qué es lo que te ha agradado
        más de cuanto hoy has visto y admirado?

Segismundo. Nada me ha suspendido,
        que todo lo tenía prevenido;
        mas si admirar hubiera   1560
        algo en el mundo, la hermosura fuera
        de la mujer. Leía
        una vez en los libros que tenía,
        que lo que a Dios mayor estudio debe
        era el hombre, por ser un mundo breve.   1565
        Mas ya que lo es recelo
        la mujer, pues ha sido un breve cielo;
        y más beldad encierra
        quel el hombre, cuanto va de cielo a tierra;
        y más si es la que miro.   1570

Rosaura. (aparte) (El Príncipe está aquí; yo me retiro.)
Segismundo. Oye, mujer, detente.
        No juntes el ocaso y el oriente,
        huyendo al primer paso;
        que juntos el oriente y el ocaso,   1575
        la lumbre y sombra fría,
        serás, sin duda, síncopa del día.
        Pero ¿qué es lo que veo?
Rosaura. Lo mismo que estoy viendo, dudo y creo.
Segismundo.   (aparte) (Yo he visto esta belleza   1580
        otra vez.)
Rosaura. (aparte)   (Yo, esta pompa, esta grandeza
        he visto reducida
        a una estrecha prisión.)

car Clothalde désire
qu'il ne sache pas qui je suis,
et qu'il ne me voie pas,
car il dit que cela importe à mon honneur.
Pour le reste je m'en remets à Clothalde,
car je lui suis infiniment reconnaissante
d'avoir ici protégé mon honneur et ma vie.)

CLARÍN.   De tout ce que tu as vu et admiré
  aujourd'hui,
  qu'est-ce qui t'a plu davantage?

SIGISMOND.   Rien ne m'a surpris,
  car je m'attendais à tout;
  mais si quelque chose au monde
  avait dû m'emplir d'émerveillement,
  c'eût été la beauté de la femme.
  Je lisais un jour,
  dans les livres que je possédais,
  que ce qui à Dieu
  coûta le plus de soin,
  c'était l'homme,
  parce qu'il est un monde abrégé.
  Mais je soupçonne que c'est plutôt
  la femme, car elle est un ciel abrégé
  et, tout comme le ciel, par rapport à la terre,
  il est plus de beauté en elle que chez l'homme,
  et plus encore s'il s'agit de la femme que je regarde.

ROSAURE. *(à part)*   (Voici le Prince; je me retire.)

SIGISMOND.   Ecoute, femme, arrête-toi.
  Ne mêle point l'orient et le couchant,
  en fuyant dès le premier pas
  car, si tu mêles l'orient avec le couchant,
  la lumière avec l'ombre froide,
  tu seras, sûrement, la syncope du jour.
  Mais, que vois-je là?

ROSAURE.   Ce que je vois moi-même,
  cela même qui me fait y croire et en douter.

SIGISMOND. *(à part)*.   (J'ai déjà vu cette beauté
  une autre fois.)

ROSAURE. *(à part)*   J'ai déjà vu
  toute cette grandeur, cette magnificence
  réduites dans une étroite prison.

Segismundo.   *(aparte)*   (Ya hallé mi vida.)
        Mujer, que aqueste nombre
        es el mejor requiebro para el hombre,   1585
        ¿quién eres? Que sin verte
        adoración me debes; y de suerte
        por la fe te conquisto
        que me persuado a que otra vez te he visto.
        ¿Quién eres, mujer bella?   1590
Rosaura.   *(aparte)*   (Disimular me importa.) Soy de
        Estrella una infelice dama.
Segismundo.   No digas tal; di el sol, a cuya llama
        aquella estrella vive,
        pues de tus rayos resplandor recibe.   1595
        Yo vi en reino de olores
        que presidía entre communes flores
        la deidad de la rosa,
        y era su emperatriz por más hermosa.
        Yo vi entre piedras finas   1600
        de la docta academia de sus minas
        preferir el diamante,
        y ser su emperador por más brillante.
        Yo en esas cortes bellas
        de la inquieta república de estrellas,   1605
        vi en el lugar primero
        por rey de las estrellas el lucero.
        Yo, en esferas perfetas,
        llamando el sol a cortes los planetas,
        le vi que presidía   1610
        como mayor oráculo del día.
        Pues ¿cómo, si entre flores, entre estrellas,
        piedras, signos, planetas, las más bellas
        prefieren, tú has servido
        la de menos beldad, habiendo sido   1615
        por más bella y hermosa,
        sol, lucero, diamante, estrella y rosa?

Sale Clotaldo.

Clotaldo.   (A Segismundo reducir deseo,
       (aparte)   porque, en fin, le he criado. Mas ¿qué veo?)

SIGISMOND. *(à part)*   (J'ai retrouvé ma vie.)
    Femme — ce mot est en effet
    le plus beau compliment que puisse faire un homme,
    qui es-tu toi que je n'ai jamais vue,
    qui suscites pourtant mon adoration ?
    Toi que je poursuis avec tant de ferveur,
    que je suis persuadé de t'avoir déjà vue.
    Femme si belle, qui es-tu ?
ROSAURE. *(à part)*   (Il importe de dissimuler). Je suis
    une infortunée servante d'Etoile.
SIGISMOND. Ne dis pas cela ; dis plutôt le soleil
    à la flamme duquel
    resplendit cette étoile,
    puisque de tes rayons elle reçoit l'éclat.
    Moi j'ai vu, au royaume des senteurs,
    présider parmi la foule de fleurs
    la divinité de la rose,
    et leur impératrice, car elle est la plus belle ;
    j'ai vu parmi les pierres fines
    de la savante académie de leurs mines
    le diamant l'emporter,
    être leur empereur, étant le plus brillant.
    Et parmi les cours splendides
    de l'inquiète république des étoiles,
    j'ai vu au premier rang
    l'étoile de Vénus être la souveraine ;
    dans les sphères parfaites, j'ai vu
    convoquant l'assemblée des planètes,
    le soleil présider,
    car il est du jour le plus grand oracle.
    Donc si parmi les fleurs et les étoiles,
    les pierres, les signes, les planètes,
    prédominent les plus belles,
    comment peut-tu servir une moindre beauté,
    quand tu es à la fois la plus belle et la plus éclatante,
    soleil, Vénus, diamant, étoile et rose.

Entre Clothalde.

CLOTHALDE. *(à part)*   (Je veux ramener Sigismond à la raison, car
    après tout c'est moi qui l'ai élevé.
    Mais que vois-je ?)

Rosaura.   Tu favor reverencio.   1620
             Respóndate retórico el silencio.
             Cuando tan torpe la razón se halla,
             mejor habla, señor, quien mejor calla.

Segismundo No has de ausentarte, espera.
              ¿Cómo quieres dejar desa manera   1625
              a oscuras mi sentido?
Rosaura.   Esta licencia a Vuestra Alteza pido.

Segismundo. Irte con tal violencia
               no es pedir, es tomarte la licencia.
Rosaura.   Pues, si tú no la das, tomarla espero.   1630

Segismundo. Harás que de cortés pase a grosero,
               porque la resistencia.
               es veneno cruel de mi paciencia.

Rosaura.   Pues cuando ese veneno,
             de furia, de rigor y saña lleno,   1635
             la paciencia venciera,
             mi respeto no osara ni pudiera.

Segismundo. Sólo por ver si puedo
               harás que pierda a tu hermosura el miedo;
               que soy muy inclinado   1640
               a vencer lo imposible. Hoy he arrojado
               dese balcón a un hombre que decía
               que hacerse no podía;
               y así por ver si puedo, cosa es llana
               que arrojaré tu honor por la ventana.   1645

Clotaldo.   (Mucho se va empeñando.
(aparte)   ¿Qué he de hacer, cielos, cuando
              tras un loco deseo
              mi honor segunda vez a riesgo veo?)

Rosaura.   No en vano prevenía   1650
             a este reino infeliz tu tiranía

ROSAURE.   Tes louanges me font honneur.
  Que te réponde la rhétorique
  de mon silence.
  Quand la raison devient si maladroite,
  qui sait le mieux se taire,
  Seigneur, parle le mieux.
SIGISMOND.   Ne t'en va pas, attends.
  Comment peut-tu laisser ainsi,
  plongés dans la nuit, mes esprits?
ROSAURE.   Je supplie Votre Altesse
  de m'en donner licence.
SIGISMOND.   En partant aussi brusquement
  tu ne demandes point, mais tu prends la licence.
ROSAURE.   Si tu me la refuses,
  je compte bien la prendre.
SIGISMOND.   Tu vas m'obliger à passer
  de la courtoisie à la grossièreté;
  toute résistance en effet
  est un poison cruel à ma patience.
ROSAURE.   Eh bien, même si ce poison
  plein de fureur, de rigueur et de rage,
  venait à bout de ta patience
  elle n'oserait ni ne pourrait
  me manquer de respect.
SIGISMOND.   Rien que pour voir si j'en suis capable
  tu vas me faire perdre toute crainte
  devant ta beauté;
  je suis fort enclin en effet
  à vaincre l'impossible; aujourd'hui j'ai jeté
  du haut de ce balcon un homme
  qui prétendait que je ne pouvais faire
  une chose pareille; ainsi rien que pour voir
  si j'en suis capable il me semblerait
  tout aussi naturel
  de jeter ton honneur par la fenêtre.
CLOTHALDE. *(à part.)* (Il va vraiment trop loin!
  Que puis-je faire, ô ciel!
  lorsque je vois pour la seconde fois
  mon honneur menacé
  par un désir si insensé?)
ROSAURE.   Ah! ce n'est pas en vain qu'à ce royaume infortuné
  ta tyrannie promettait

escándalos tan fuertes
de delitos, traiciones, iras, muertes.
Mas ¿qué ha de hacer un hombre,
que de humano no tiene más que el nombre,   1655
atrevido, inhumano,
cruel, soberbio, bárbaro y tirano,
nacido entre las fieras?

Segismundo. Porque tú ese baldón no me dijeras
tan cortés me mostraba,   1660
pensando que con esto te obligaba;
mas si lo soy hablando deste modo,
has de decirlo, ¡vive Dios!, por todo.
¡Hola!, dejadnos solos, y esa puerta
se cierre, y no entre nadie.

Vase Clarín

Rosaura. *(aparte)* (Yo soy muerta.)   1665
            Advierte...

Segismundo.   Soy tirano,
y ya pretendes reducirme en vano.

Clotaldo. *(aparte)* (¡Oh qué lance tan fuerte!
Saldré a estorbarlo, aunque me dé la muerte.)
Señor, atiende, mira.   1670

Segismundo. Segunda vez me has provocado a ira,
viejo caduco y loco.
¿Mi enojo y mi rigor tienes en poco?
¿Cómo hasta aquí has llegado?

Clotaldo. De los acentos desta voz llamado,   1675
a decirte que seas
más apacible, si reinar deseas;
y no, por verte ya de todos dueño,
seas cruel, porque quizá es un sueño.

Segismundo. A rabia me provocas,   1680
cuando la luz del desengaño tocas.
Veré, dándote muerte,
si es sueño o si es verdad.

Al ir a sacar la daga, se la tiene Clotaldo y se arrodilla.

Clotaldo.   Yo desta suerte
librar mi vida espero.

de si grands scandales, des crimes,
des trahisons, des querelles, des meurtres.
Mais que peut faire un homme
qui n'a d'un être humain rien d'autre que le nom,
un homme emporté, inhumain,
cruel, orgueilleux, barbare, tyrannique,
né parmi les bêtes sauvages?

SIGISMOND.   C'était pour éviter d'entendre ces injures
que je me montrais si courtois envers toi,
en pensant ainsi t'obliger.
Si je suis tout cela quand je te parle ainsi,
je vais te donner à présent, vive Dieu!
toute raison de me traiter de la sorte.
Allons! laissez-nous seuls et fermez cette porte,
et que nul ne pénètre!

Clarín sort.

ROSAURE. *(à part)* (Je suis morte.) Ecoute-moi...

SIGISMOND.   Oui, je suis un tyran!
et c'est en vain que tu cherches à me refréner.

CLOTHALDE. *(à part)* (Quelle scène cruelle!
Je vais l'en empêcher, fût-ce au prix de ma vie!)
Seigneur, arrête, écoute.

SIGISMOND.   Vieillard caduc et insensé,
pour la seconde fois tu me mets hors de moi.
Fais-tu si peu de cas de ma colère,
de ma fureur?
Comment es-tu arrivé jusqu'ici?

CLOTHALDE.   Aux accents de sa voix,
pour te dire de te montrer
plus modéré, si tu souhaites régner;
et bien que tu sois le maître absolu à présent,
de ne pas te montrer cruel,
car il se pourrait que ce fût un songe.

SIGISMOND.   Tu ne fais qu'exciter ma rage,
à me parler ainsi de ma désillusion.
Je vais bien voir, en te donnant la mort,
si cela est songe ou vérité.

Comme il s'apprête à tirer sa dague,
Clothalde le retient et se jette à genoux.

CLOTHALDE.   J'espère ainsi sauver ma vie!

Segismundo. Quita la osada mano del acero.   1685
Clotaldo. Hasta que gente venga,
        que tu rigor y cólera detenga,
        no he de soltarte.
Rosaura.   ¡Ay, cielos!
Segismundo.   Suelta, digo,
        caduco, loco, bárbaro, enemigo,
        o será desta suerte *(Luchan.)* el darte agora entre mis 1690
        brazos muerte.

Rosaura. Acudid todos presto,
        que matan a Clotaldo.

*Vase. Sale Astolfo a tiempo que cae Clotaldo a sus pies y él se
pone en medio.*

  Astolfo. Pues ¿qué es esto,
        príncipe generoso?
        ¿Así se mancha acero tan brioso   1695
        en una sangre helada?
        Vuelve a la vaina tu lucida espada.
Segismundo. En viéndola teñida
        en esa infame sangre.
Astolfo.   Ya su vida
        tomó a mis pies sagrado;   1700
        y de algo ha de servirme haber llegado.
Segismundo. Sírvate de morir; pues desta suerte
        también sabré vengarme con tu muerte
        de aquel pasado enojo.
Astolfo.   Yo defiendo
        mi vida; así la majestad no ofendo.   170.

Sacan las espadas y salen el rey Basilio y Estrella

Clotaldo. No le ofendas, señor.
Basilio.   Pues ¿aquí espadas?
Estrella. (Astolfo es. ¡Ay de mí, penas airadas!)
(aparte)

SIGISMOND. Retire de ce fer ta main audacieuse.
CLOTHALDE. Jusqu'à ce qu'il vienne des gens,
  qui sauront refréner ta rage et ta fureur,
  je ne te lâcherai pas.
ROSAURE. Ah! ciel!...
SIGISMOND. Lâche donc, vieillard caduc et insensé,
  cruel et barbare ennemi,
  ou je vais de la sorte à présent
  entre mes bras te donner la mort.

Ils s'empoignent.

ROSAURE. Au secours! Vite! On veut tuer Clothalde!

Elle sort.

*Entre Astolphe à l'instant où Clothalde tombe à ses pieds;
Astolphe s'interpose.*

ASTOLPHE. Qu'est-ce là, noble prince?
  Oser ainsi dans un sang glacé
  souiller un fer si plein d'ardeur?
  Remets dans son fourreau cette brillante lame.

SIGISMOND. Dès que je la verrai
  couverte de ce sang infâme.
ASTOLPHE. Sa vie à mes pieds a trouvé asile;
  mon arrivée devra servir à quelque chose.

SIGISMOND. Elle va te servir à trouver la mort;
  et par ta mort je saurai venger
  la contrariété que tu m'as donnée.
ASTOLPHE. Je défends ma vie, ainsi je n'offense
  en rien la majesté.

Ils tirent l'épée; entrent le roi Basyle et Etoile.

CLOTHALDE. Seigneur, épargne-le.
BASYLE. Hé quoi! On croise ici le fer?
ÉTOILE. (C'est Astolphe, hélas! Oh! cruelle douleur!)

Basilio. Pues ¿qué es lo que ha pasado?
Astolfo. Nada, señor, en habiendo tú llegado.

Envainan

Segismundo. Mucho, señor, aunque hayas tú venido;   1710
        yo a ese viejo matar he pretendido.
Basilio. ¿Respecto no tenías
        a estas canas?
Clotaldo. Señor, ved que son mías;
        que no importa veréis.
Segismundo.   Acciones vanas,
        querer que tenga yo respeto a canas;   1715
        pues aun ésas podría
        ser que viese a mis plantas algún día;
        porque aún no estoy vengado
        del modo injusto con que me has crïado.

Vase

Basilio. Pues antes que lo veas,   1720
        volverás a dormir adonde creas
        que cuanto te ha pasado,
        como fue bien del mundo, fue soñado.

Vanse el Rey y Clotaldo. Quedan Estrella y Astolfo

Astolfo. ¡Qué pocas veces el hado
        que dice desdichas miente,   1725
        pues es tan cierto en los males
        cuanto dudoso en los bienes!
        ¡Qué buen astrólogo fuera,
        si siempre casos crueles
        anunciara, pues no hay duda   1730
        que ellos fueran verdad siempre!
        Conocerse esta experiencia
        en mí y Segismundo puede,
        Estrella, pues en los dos
        hizo muestras diferentes.   1735
        En él previno rigores,
        soberbias, desdichas, muertes,

BASYLE. Eh bien, qu'est-il arrivé?

ASTOLPHE. Rien, Sire, puisque te voici.

Ils rengainent leurs épées.

SIGISMOND. Beaucoup de choses, Sire,
  malgré ta venue.
  j'ai voulu tuer ce vieillard.

BASYLE. N'avais-tu nul respect
  pour ces cheveux blancs?

CLOTHALDE. Seigneur, ce ne sont que les miens,
  et c'est sans importance.

SIGISMOND. Vaines prétentions! Vouloir
  que pour des cheveux blancs j'éprouve du respect!
  D'ailleurs il pourrait bien se faire
  qu'un jour je voie les tiens à mes pieds humiliés,
  car je ne me suis pas revanché encore
  de l'injuste façon dont tu m'as élevé.

Il sort.

BASYLE. Eh bien, avant que tu ne voies cela,
  tu vas t'en retourner dormir
  où tu croiras que tout ce qui t'est arrivé,
  comme tout bonheur en ce monde,
  n'a été qu'un songe.

Sortent le Roi et Clothalde; restent Etoile et Astolphe.

ASTOLPHE. Combien peu souvent le destin
  annonçant des malheurs, se trompe,
  car il est aussi certain dans le mal,
  que douteux dans le bien!
  Quel bon astrologue il ferait
  s'il n'annonçait jamais que de cruels
  événements; car il est hors de doute
  qu'ils seraient toujours vrais!
  L'expérience le prouve bien
  tant pour moi que pour Sigismond;
  Etoile, elle en donne en nous deux
  des preuves différentes.
  Pour lui, il a prédit la violence,
  l'orgueil, le malheur et le meurtre;

y en todo dijo verdad,
porque todo, al fin, sucede.
Pero en mí que al ver, señora,   1740
esos rayos excelentes,
de quien el sol fue una sombra
y el cielo un amago breve,
que me previno venturas,
trofeos, aplausos, bienes,   1745
dijo mal y dijo bien;
pues sólo es justo que acierte
cuando amaga con favores
y ejecuta con desdenes.

Estrella.   No dudo que esas finezas   1750
son verdades evidentes;
mas serán por otra dama,
cuyo retrato pendiente
trujistes al cuello cuando
llegastis, Astolfo, a verme;   1755
y siendo así, esos requiebros
ella sola los merece.
Acudid a que ella os pague;
que no son buenos papeles
en el consejo de amor   1760
las finezas ni las fees
que se hicieron en servicio
de otras damas y otros reyes.

Sale Rosaura al paño.

Rosaura.   (¡Gracias a Dios que han llegado
(aparte)   ya mis desdichas crüeles   1765
al término suyo, pues
quien esto ve nada teme!)
Astolfo.   Yo haré que el retrato salga
del pecho, para que entre
la imagen de tu hermosura   1770
Donde entra Estrella no tiene
lugar la sombra, ni estrella
donde el sol; voy a traerle.
(aparte)   (Perdona, Rosaura hermosa,

en tout cela il a dit vrai;
tout a fini par arriver.
Mais pour moi, lorsque je vois, madame,
ces rais superbes dont le soleil
lui-même ne semble qu'une ombre
dont le ciel n'offre qu'une ébauche,
quand il m'a prédit le bonheur,
trophées, succès, félicités,
il eut tort et il eut raison;
car il est juste seulement
qu'il dise vrai quand ses promesses
sont des faveurs,
et qu'il n'accorde que dédains.

ÉTOILE. Je ne doute point que ces galants propos
ne soient vérités évidentes,
mais sans doute sont-ils destinés à la dame
dont vous portiez à votre cou
le portrait suspendu quand vous êtes venu,
Astolphe, pour me voir.
Dans ces conditions, elle seule mérite
vos compliments galants.
Courez donc auprès d'elle en recevoir le prix.
Dans les cours d'amour en effet,
les soins que l'on donne, les serments que l'on fait
pour le service
d'une autre dame, d'un autre roi,
ne sont que titres sans créance.

Rosaure, à la cantonade.

ROSAURE. *(à part).* (Loué soit Dieu! Mes malheurs cruels
sont parvenus enfin
à leur terme, car
qui voit cela ne craint plus rien!)

ASTOLPHE. Je ferai en sorte que ce portrait
quitte mon cœur pour y laisser entrer
l'image de ta beauté.
Où entre Etoile l'ombre
n'a place, ni l'étoile
où entre le soleil; je m'en vais le chercher.
(A part.) (Pardonne, belle Rosaure,

este agravio, porque ausentes,   1775
no se guardan más fe que ésta
los hombres y las mujeres.)

Vase.

Rosaura. *(aparte)* (Nada he podido escuchar,
            temerosa que me viese.)
Estrella. Astrea.
Rosaura.   Señora mía.   1780
Estrella. Heme holgado que tú fueses
            la que llegaste hasta aquí;
            porque de ti solamente
            fiara un secreto.
Rosaura.   Honras,
            señora, a quien te obedece.   1785
Estrella. En el poco tiempo, Astrea,
            que ha que te conozco, tienes
            de mi voluntad las llaves;
            por esto, y por ser quien eres,
            me atrevo a fiar de ti   1790
            lo que aun de mí muchas veces
            recaté.
Rosaura.   Tu esclava soy.
Estrella. Pues, para decirlo en breve,
            mi primo Astolfo —bastara
            que mi primo te dijese,   1795
            porque hay cosas que se dicen
            con pensarlas solamente—
            ha de casarse conmigo,
            si es que la fortuna quiere
            que con una dicha sola   1800
            tantas desdichas descuente.
            Pesóme que el primer día
            echado al cuello trujese
            el retrato de una dama.
            Habléle en él cortésmente;   1805
            es galán y quiere bien;
            fue por él y ha de traerle
            aquí. Embarázame mucho.
            que él a mí a dármele llegue.

cette offense; dans l'absence en effet
les hommes ni les femmes
ne se gardent plus fidélité.)

Il sort.

ROSAURE. *(à part)* (Craignant qu'il ne me voie,
  je n'ai rien pu entendre.)

ÉTOILE. Astrée!

ROSAURE. Madame!

ÉTOILE. Je me réjouis que ce soit toi
  qui te présentes en ces lieux;
  ce n'était qu'à toi seule, en effet,
  que je pouvais confier un secret.

ROSAURE. Tu honores, madame, celle qui t'obéit.

ÉTOILE. Je te connais, Astrée,
  depuis peu et déjà
  tu détiens les clefs de mon cœur.
  C'est pourquoi et parce que tu es
  qui tu es, j'ose te confier
  ce que je me suis à moi-même
  maintes fois dissimulé.

ROSAURE. Je suis ton esclave.

ÉTOILE. Voici, je serai brève;
  mon cousin Astolphe — il aurait suffi
  que je dise mon cousin,
  car il est des choses que l'on doit dire
  en les pensant seulement —
  doit se marier avec moi,
  si toutefois la fortune veut bien
  qu'un seul bonheur
  fasse oublier tant de malheurs.
  Je fus peinée que le premier jour
  il portât suspendu à son cou
  le portrait d'une dame;
  je lui en parlai courtoisement;
  il est homme galant, il sait aimer!...
  Il est parti le chercher et va le rapporter
  ici; cela m'embarrasse beaucoup
  qu'il me le remette à moi-même;

Quédate aquí, y cuando venga   1810
le dirás que te le entregue
a ti. No te digo más.
Discreta y hermosa eres;
bien sabrás lo que es amor.

Vase.

Rosaura.   ¡Ojalá no lo supiese!   1815
¡Válgame el cielo! ¿Quién fuera
tan atenta y tan prudente
que supiera aconsejarse
hoy en ocasión tan fuerte?
¿Habrá persona en el mundo   1820
a quien el cielo inclemente
con más desdichas combata
y con más pesares cerque?
¿Qué haré en tantas confusiones,
donde imposible parece   1825
que halle razón que me alivie,
ni alivio que me consuele?
Desde la primer desdicha,
no hay suceso ni accidente
que otra desdicha no sea;   1830
que unas a otras suceden,
herederas de sí mismas.
A la imitacíon del fénix
unas de las otras nacen,
viviendo de lo que mueren;   1835
y siempre de sus cenizas
está el sepulcro caliente.
Que eran cobardes, decía
un sabio, por parecerle
que nunca andaba una sola;   1840
yo digo que son valientes,
pues siempre van adelante
y nunca la espalda vuelven.
Quien las llevare consigo,
a todo podrá atreverse,   1845
pues en ninguna ocasión
no haya miedo que le dejen.
Dígalo yo, pues en tantas
como a mi vida suceden,

reste-là, et quand il reviendra
tu lui diras qu'il te le donne
à toi. Je ne t'en dis pas plus;
tu es belle et pleine d'esprit;
tu dois savoir ce qu'est l'amour.

Elle sort.

ROSAURE.   Ah, si je pouvais ne pas le savoir!
Le ciel me garde! Que ne suis-je
assez prudente et avisée
pour prendre conseil de moi-même
aujourd'hui, en pareille occasion!
Est-il quelqu'un au monde
que le ciel inclément
accable de plus de malheurs,
harcèle de plus de tourments?
Que faire en une si grande confusion,
où il semble impossible
que je puisse trouver
une raison qui me soulage,
ou un secours qui me console?
Depuis mon premier malheur,
nul événement, nulle circonstance
qui ne soit un nouveau malheur;
les uns aux autres ils se succèdent,
l'un de l'autre héritant sans trêve.
A l'imitation du Phénix,
ils renaissent les uns des autres,
vivant de cela même qui leur donne la mort,
et de leurs cendres le sépulcre
sans cesse demeure embrasé.
Un sage déclarait un jour
que le malheur était un lâche,
car il lui paraissait qu'il ne vient jamais seul;
moi je dis qu'il est courageux,
car toujours il va de l'avant,
et jamais ne tourne le dos.
Celui que le malheur accable
peut avoir toutes les audaces,
car il n'a certes pas à craindre
d'en être abandonné jamais.
Je suis bien placée pour le dire,
car jamais, à aucun instant de ma vie,

nunca me he hallado sin ellas,   1850
ni se han cansado hasta verme,
herida de la fortuna,
en los brazos de la muerte.
¡Ay de mí! ¿Qué debo hacer
hoy en la ocasión presente?   1855
Si digo quién soy, Clotaldo,
a quien mi vida le debe
este amparo y este honor,
conmigo ofenderse puede;
pues me dice que callando   1860
honor y remedio espere.
Si no he de decir quién soy
a Astolfo, y él llega a verme,
¿cómo he de disimular?
Pues aunque fingirlo intenten   1865
la voz, la lengua y los ojos,
les dirá el alma que mienten.
¿Qué haré? ¿Mas para qué estudio
lo que haré, si es evidente
que por más que lo prevenga,   1870
que lo estudie y que lo piense,
en llegando la ocasión
ha de hacer lo que quisiere
el dolor? Porque ninguno
imperio en sus penas tiene.   1875
Y pues a determinar
lo que he de hacer no se atreve
el alma, llegue el dolor
hoy a su término, llegue
la pena a su extremo, y salga   1880
de dudas y parecres
de una vez; pero hasta entonces,
¡valedme, cielos, valedme!

Sale Astolfo con el retrato.

Astolfo.   Éste es, señora, el retrato;
        mas ¡ay, Dios!

Rosaura.   ¿Qué se suspende   1885
        Vuestra Alteza? ¿Qué se admira?

les malheurs ne m'ont fait défaut;
jamais non plus ils n'ont eu de répit
qu'ils ne m'aient vue, blessée par le destin,
dans les bras de la mort.
Hélas! Que dois-je faire
en cette présente occasion?
Si je dis qui je suis, Clothalde,
à qui ma vie est redevable
de l'honneur et de la protection,
pourra s'estimer offensé;
car il m'a demandé d'attendre en silence
l'honneur et le remède ensemble.
Si je ne dois pas dire qui je suis
à Astolphe, et qu'il vienne à me voir,
comment pourrai-je dissimuler?
Ma voix et ma langue et mes yeux
auront beau essayer de feindre,
mon âme leur dira qu'ils mentent.
Que faire? Mais à quoi bon examiner
ce que je vais faire, puisqu'il est évident
que j'aurai beau prévoir,
méditer, y penser,
quand l'occasion sera venue
je ferai ce qu'exigera
ma douleur; en effet
nul n'est le maître de sa souffrance.
Et puisque mon âme n'ose pas
résoudre ce que je dois faire,
qu'aujourd'hui ma douleur
aille jusqu'à son terme, ma peine
à son extrémité,
pour que je m'arrache d'un coup
aux doutes, aux contradictions;
mais, ciel, en attendant,
protège-moi, protège-moi!

Entre Astolphe avec le portrait.

ASTOLPHE. Voici, madame, le portrait;
mais, grand Dieu!...
ROSAURE. Quelle est cette stupeur?
De quoi s'étonne Votre Altesse?

Astolfo. De oírte, Rosaura, y verte.
Rosaura. ¿Yo Rosaura? Hase engañado
           Vuestra Alteza, si me tiene
           por otra dama; que yo   1890
           soy Astrea, y no merece
           mi humildad tan grande dicha
           que esa turbación le cueste.
Astolfo. Basta, Rosaura, el engaño,
           porque el alma nunca miente;   1895
           y aunque como a Astrea te mire,
           como a Rosaura te quiere.
Rosaura. No entiendo a Vuestra Alteza,
           y así no sé responderle.
           Sólo lo que yo diré   1900
           es que Estrella — que lo puede
           ser de Venus — me mandó
           que en esta parte le espere,
           y de la suya le diga
           que aquel retrato me entregue,   1905
           que está muy puesto en razón,
           y yo misma se lo lleve.
           Estrella lo quiere así,
           porque aun las cosas más leves,
           como sean en mi daño,   1910
           es Estrella quien las quiere.
Astolfo. Aunque más esfuerzos hagas
           ¡oh qué mal, Rosaura, puedes
           disimular! Di a los ojos
           que su música concierten   1915
           con la voz; porque es forzoso
           que desdiga y que disuene
           tan destemplado instrumento,
           que ajustar y medir quiere
           la falsedad de quien dice   1920
           con la verdad de quien siente.
Rosaura. Ya digo que sólo espero
           el retrato.
Astolfo.   Pues que quieres
           llevar al fin el engaño,
           con él quiero responderte.   1925

ASTOLPHE.   De t'entendre, Rosaure, et de te voir.

ROSAURE.   Moi Rosaure ? Votre Altesse
se trompe, si elle me prend
pour une autre dame ; moi je suis
Astrée, et mon humble personne
ne mérite pas le grand bonheur
de provoquer ce trouble en vous.

ASTOLPHE.   Rosaure, assez de tromperie !
L'âme en effet ne ment jamais,
et si elle voit l'apparence d'Astrée,
c'est bien Rosaure qu'elle aime en toi.

ROSAURE.   Je ne comprends point Votre Altesse,
aussi ne sais-je que répondre :
tout ce que je puis dire,
c'est qu'Etoile — qui pourrait bien
être l'Etoile de Vénus — m'a ordonné
d'attendre ici,
et de vous prier de sa part
de me remettre ce portrait,
— cela paraît fort raisonnable —
et de le lui porter moi-même.
Etoile en a ainsi disposé,
car même des choses les plus insignifiantes,
fussent-elles à mon détriment,
c'est Etoile qui en dispose.

ASTOLPHE.   Tu as beau t'efforcer,
que tu sais mal dissimuler,
Rosaure ! Dis à tes yeux
d'accorder leur musique à ta voix ;
car il est forcé
qu'un instrument aussi discordant
se contredise et sonne faux ;
s'il veut en effet associer et ajuster
la fausseté de celui qui parle
à la vérité de celui qui ressent.

ROSAURE.   Je vous redis
que j'attends seulement le portrait.

ASTOLPHE.   Puisque tu veux pousser
la feinte jusqu'au bout,
je veux te répondre de même ;

            Dirásle, Astrea, à la Infanta
            que yo la estimo de suerte
            que, pidiéndome un retrato,
            poca fineza parece
            enviársele; y así,   1930
            porque le estime y le precie,
            le envío el original;
            y tú llevársele puedes,
            pues ya le llevas contigo,
            como a ti misma te lleves.   1935
Rosaura.   Cuando un hombre se dispone,
            restado, altivo y valiente,
            a salir con una empresa,
            aunque por trato le entreguen
            lo que valga más, sin ella   1940
            necio y desairado vuelve.
            Yo vengo por un retrato,
            y aunque un original lleve
            que vale más, volveré
            desairada; y así, déme   1945
            Vuestra Alteza ese retrato,
            que sín él no he de volverme.
Astolfo.   Pues ¿cómo, si no he de darle,
            le has de llevar?
Rosaura.   Desta suerte.
            Suéltale, ingrato.
Astolfo.   Es en vano   1950
Rosaura.   ¡Vive Dios! que no ha de verse
            en manos de otra mujer.
Astolfo.   Terrible estás.
Rosaura.   Y tú aleve.
Astolfo.   Ya basta, Rosaura mía.
Rosaura.   ¿Yo tuya, villano? Mientes.   1955

                    Sale Estrella.

Estrella.   Astrea, Astolfo, ¿qué es esto?
Astolfo.   *(aparte)* (Aquésta es Estrella.)
Rosaura.   (Déme,
            (aparte) para cobrar mi retrato,
            ingenio el amor.) Si quieres

Astrée tu vas dire à l'Infante
que j'ai pour elle tant d'estime
que, lorsqu'elle me demande un portrait,
il me paraît fort peu galant
de le lui envoyer; aussi bien,
afin qu'elle l'estime et l'apprécie mieux,
je lui envoie l'original;
et tu peux bien le lui porter,
puisque tu l'emportes avec toi,
pour peu que tu te portes toi-même.

ROSAURE.   Quand un homme se propose,
plein d'audace, de fierté et de courage,
d'obtenir quelque chose,
on a beau lui donner
une chose de plus grand prix,
il en est tout penaud et déconfit.
Moi je viens chercher un portrait,
et même si je rapporte l'original
de plus haut prix, je n'en aurais
que de la déception; que Votre Altesse
donc me donne ce portrait,
je ne m'en irai pas sans lui.

ASTOLPHE.   Si je refuse,
comment pourras-tu le lui porter?

ROSAURE.   De cette façon-là!
Lâche-le, ingrat.

ASTOLPHE.   Tu t'obstines en vain.

ROSAURE.   Vive Dieu! On ne le verra pas
entre les mains d'une autre femme!

ASTOLPHE.   Te voilà furieuse!

ROSAURE.   Tu n'es qu'un ingrat.

ASTOLPHE.   Cela suffit, ma Rosaure.

ROSAURE.   Ta Rosaure, moi? Vil menteur.

Entre Etoile.

ÉTOILE.   Astrée, Astolphe, que signifie?

ASTOLPHE.   *(à part.)* (Voici Etoile.)

ROSAURE.   *(à part.)* (Que l'amour, pour récupérer
mon portrait, me donne de l'esprit.)

saber lo que es, yo, señora,   1960
 te lo diré.
Astolfo.   ¿Qué pretendes?
Rosaura. Mandásteme que esperase
 aquí a Astolfo y le pidiese
 un retrato de tu parte.
 Quedé sola, y como vienen   1965
 de unos discursos a otros
 las noticias fácilmente,
 viéndote hablar de retratos,
 con su memoria acordéme
 de que tenía uno mío   1970
 en la manga. Quise verle,
 porque una persona sola
 con locuras se divierte.
 Cayóseme de la mano
 al suelo. Astolfo, que viene   1975
 a entregarte el de otra dama,
 lo levantó, y tan rebelde
 está en dar el que le pides
 que, en vez de dar uno, quiere
 llevar otro. Pues el mío   1980
 aún no es posible volverme
 con ruegos y persuasiones,
 colérica y impaciente
 yo se le quise quitar.
 Aquel que en la mano tiene   1985
 es mío; tú lo verás
 con ver si se me parece.
Estrella. Soltad, Astolfo, el retrato.

Quítasele.

Astolfo. Señora...
Estrella.   No son crueles,
 a la verdad, los matices.   1990
Rosaura. ¿No es mío?
Estrella. ¿   ¿Qué duda tiene?
Rosaura. Di que ahora te entregue el otro.
Estrella. Toma tu retrato y vete.
Rosaura. (Yo he cobrado mi retrato;

    Si tu veux savoir ce qui se passe,
    Je vais te le dire, madame.
ASTOLPHE.   Que cherches-tu?
ROSAURE.   Tu m'as donné l'ordre d'attendre
    ici même Astolphe, et de lui réclamer
    un portrait de ta part.
    Demeurée seule, comme les idées
    passent facilement d'une réflexion à une autre,
    te voyant parler de portraits,
    dans ma mémoire s'est formé
    le souvenir que j'en avais
    un de moi dans ma manche.
    Je voulus le voir; en effet,
    une personne seule
    s'amuse d'une babiole.
    De ma main il tomba
    par terre; Astolphe, qui revient pour
    te remettre celui d'une autre dame
    le ramasse, et il se montre si rebelle
    à me donner celui que tu demandes
    qu'il veut te donner l'autre
    plutôt que celui-là; ni par persuasion
    ni par mes prières,
    je ne puis obtenir qu'il me rende le mien.
    Impatiente et irritée,
    j'ai voulu le lui enlever.
    Ce portrait qu'il tient à la main,
    est le mien; tu en jugeras toi-même,
    rien qu'à voir comme il me ressemble.
ÉTOILE.   Astolphe, lâchez ce portrait.

Elle le lui prend.

ASTOLPHE.   Madame...
ÉTOILE.   Les nuances, vraiment,
    n'en sont point trop cruelles.
ROSAURE.   N'est-ce pas mon portrait?
ÉTOILE.   Qui pourrait en douter?
ROSAURE.   Maintenant, dis-lui de te donner l'autre.
ÉTOILE.   Prends ton portrait et va-t'en.
ROSAURE. *(à part.)*   (J'ai récupéré mon portrait.

(aparte) venga ahora lo que viniere.)   199

Vase.

Estrella. Dadme ahora el retrato vos
          que os pedí; que aunque no piense
          veros ni hablaros jamás,
          no quiero, no, que se quede
          en vuestro poder, siquiera   200
          porque yo tan neciamente
          le he pedido.

Astolfo.   (¿Cómo puedo
          (aparte) salir de lance tan fuerte?)
          Aunque quiera, hermosa Estrella,
          servirte y obedecerte,   200
          no podré darte el retrato
          que me pides, porque...
Estrella.   Eres
          villano y grosero amante.
          No quiero que me le entregues,
          porque yo tampoco quiero,   20
          con tomarle, que me acuerdes
          de que yo te le he pedido.

Vase.

Astolfo. ¡Oye, escucha, mira, advierte!
          ¡Válgate Dios por Rosaura!
          ¿Dónde, cómo o de qué suerte   20
          hoy a Polonia has venido
          a perderme y a perderte?

Vase.

*Descúbrese Segismundo como al principio, con pieles y cadenas,
        durmiendo en el suelo. Salen Clotaldo, Clarín,
                    y los dos Criados.*

Clotaldo. Aquí le habéis de dejar,
          pues hoy su soberbia acaba
          donde empezó.

A présent, advienne que pourra.)

Elle sort.

ÉTOILE.   Quant à vous maintenant donnez-moi le portrait
   que je vous ai demandé;
   quoique je pense que jamais plus
   je ne vous verrai ni ne vous parlerai,
   je ne veux pas, non, je ne veux pas
   qu'il demeure en votre pouvoir,
   ne fût-ce que pour vous l'avoir
   si sottement redemandé.
ASTOLPHE.   *(à part.)* (Comment puis-je sortir
   d'une situation si embarrassante?)
   Malgré mon vif désir, belle Etoile,
   de te servir et de t'obéir
   je ne pourrai te donner le portrait
   que tu me demandes, car...
ÉTOILE.   Tu n'es qu'un vil et grossier amant.
   Mais je n'en veux plus, garde-le;
   car moi, je ne veux pas non plus,
   en le prenant, que tu me rappelles
   que c'est moi qui te l'ai demandé.

Elle sort.

ASTOLPHE.   Ecoute, entends-moi, arrête, considère!
Que le diable t'emporte, Rosaure!
Comment et pourquoi
es-tu venue aujourd'hui en Pologne
pour me perdre et te perdre à la fois?

Il sort.

Sigismond apparaît comme au début,
enchaîné et recouvert de peaux de bêtes, dormant par terre.
Entrent Clothalde, Clarin et les deux domestiques.

CLOTHALDE.   Laissez-le ici; son orgueil, aujourd'hui,
   le ramène à son point de départ.

Criado I°   Como estaba,   2020
          la cadena vuelvo a atar.
Clarín No acabes de despertar,
          Segismundo, para verte
          perder, trocada de suerte,
          siendo tu gloria fingida   2025
          una sombra de la vida
          y una llama de la muerte.
Clotaldo. A quien sabe discurrir
          así, es bien que se prevenga
          una estancia donde tenga   2030
          harto lugar de argüir.
          Éste es el que habéis de asir
          y en ese cuarto encerrar.

Clarín. ¿Por qué a mí?
Clotaldo.   Porque ha de estar
          guardado en prisión tan grave   2035
          Clarín que secretos sabe,
          donde no pueda sonar.

Clarín. ¿Yo, por dicha, solicito
          dar muerte a mi padre? No.
          ¿Arrojé del balcón yo   2040
          al Ícaro de poquito?
          ¿Yo muero ni resucito?
          ¿Yo sueño o duermo? ¿A qué fin
          me encierran?
Clotaldo.   Eres Clarín.
Clarín. Pues ya digo que seré   2045
          corneta y que callaré,
          que es instrumento ruin.

Llévanle. Sale el rey Basilio, rebozado.

Basilio. ¿Clotaldo?
Clotaldo.   Señor, ¿así
          viene Vuestra Majestad?
Basilio. La necia curiosidad   2050

PREMIER DOMESTIQUE.   J'attache la chaîne à nouveau,
   comme elle était précédemment.
CLARÍN.   Ne te hâte pas, Sigismond,
   de t'éveiller pour voir ta déchéance ;
   la chance a tourné en effet
   et ta gloire illusoire
   n'était qu'une ombre de la vie
   et une flamme de la mort.
CLOTHALDE.   A qui sait si bien palabrer,
   il conviendra de préparer
   un beau logis où il aura
   tout le loisir d'argumenter.
   Voici l'homme dont vous devez
   vous emparer, et que dans cette chambre
   vous devez enfermer.
CLARÍN.   Moi ? Pourquoi ?
CLOTHALDE.   Parce qu'il sied de tenir enfermé
   en une prison rigoureuse,
   où il ne pourra trompeter,
   un Clarín qui a tant de secrets
   à claironner.
CLARÍN.   Est-ce moi par hasard qui cherche à donner
   la mort à mon père ? Nenni.
   Est-ce moi qui par le balcon
   ai balancé l'Icare au petit pied ?
   Est-ce moi qui meurs ou qui ressuscite ?
   Moi, qui songe ou qui dors ?
   Pour quelle raison veut-on m'enfermer ?
CLOTHALDE.   Pour t'apprendre, Clarín, à jouer du clairon.
CLARÍN.   Eh bien, je ne serai désormais qu'un cornet,
   et je saurai me taire,
   car ce n'est qu'un méchant instrument.

                    On l'emmène.

   Entre le roi Basyle, le visage dissimulé dans son manteau.

BASYLE.   Clothalde ?
CLOTHALDE.   Sire, Votre Majesté
   se présente de cette façon ?
BASYLE.   L'imprudente curiosité

         de ver lo que pasa aquí
         a Segismundo, ¡ay de mí!
         deste modo me ha traído.
Clotaldo.   Mírale allí reducido
         a su miserable estado.   2055
Basilio.   ¡Ay, príncipe desdichado,
         y en triste punto nacido!
            Llega a despertarle, ya
         que fuerza y vigor perdió
         con el opio que bebió.   2060
Clotaldo.   Inquieto, señor, está,
         y hablando.
Basilio.   ¿Qué soñará
         agora? Escuchemos, pues.
Segismundo   Piadoso príncipe es
(en sueños)   el que castiga tiranos.   2065
            Muera Clotaldo a mis manos,
         bese mi padre mis pies.
Clotaldo.   Con la muerte me amenaza.
Basilio.   A mí con rigor y afrenta.
Clotaldo.   Quitarme la vida intenta.   2070
Basilio.   Rendirme a sus plantas traza.
Segismundo.   Salga a la anchurosa plaza
(en sueños)   del gran teatro del mundo
         este valor sin segundo,
         porque mi venganza cuadre;   2075
         vean triunfar de su padre
         al príncipe Segismundo.

Despierta.

         Mas ¡ay de mí!, ¿dónde estoy?
Basilio.   Pues a mí no me ha de ver.
(a Clotaldo)   Ya sabes lo que has de hacer.   2080
(aparte)   Desde allí a escucharte voy.

Retírase.

Segismundo.   ¿Soy yo por ventura? ¿Soy
        el que preso y aherrojado
        llego a verme en tal estado?

    de voir ce qui se passe ici
    m'a conduit de cette façon,
    hélas! jusqu'à Sigismond.

CLOTHALDE.   Regarde-le ici réduit
    à son misérable état.

BASYLE.   Ah, prince infortuné,
    marqué par le destin!
    Va le réveiller, puisque maintenant
    il a perdu sa force et sa vigueur,
    avec l'opium qu'il a bu.

CLOTHALDE.   Il est agité, Sire;
    et il parle en dormant.

BASYLE.   Que peut-il bien rêver
    à présent? Ecoutons-le.

SIGISMOND   *(parlant dans un demi-sommeil)*. Généreux est le Prince
    qui châtie les tyrans.
    Que Clothalde meure de mes mains,
    et que mon père baise mes pieds.

CLOTHALDE.   Il me menace de mort.

BASYLE.   Moi de ses rigueurs insolentes.

CLOTHALDE.   Il veut m'ôter la vie.

BASYLE.   Il veut à ses pieds me voir prosterné.

SIGISMOND.   *(en rêve)*. Que sur la vaste place
    du grand théâtre du monde
    apparaisse ma valeur sans égale;
    et, pour que ma vengeance éclate,
    que tous voient triompher de son père
    le prince Sigismond.

Il s'éveille.

Mais, grands dieux! où suis-je?

BASYLE.   Pour moi, il ne doit pas me voir;
    (à Clothalde) tu sais ce qu'il te reste à faire.
    (à part) Moi, je vais écouter là-bas.

Il se retire.

SIGISMOND.   Est-ce bien moi?
    Est-ce moi, prisonnier et de chaînes chargé,
    qui me retrouve en cet état?

¿No sois mi sepulcro vos,   2085
torre? Sí. ¡Válgame Dios,
qué de cosas he soñado!

Clotaldo. (aparte) (A mí me toca llegar
a hacer la deshecha ahora.)

Segismundo ¿Es ya de despertar hora?   2090
Clotaldo. Sí, hora es ya de despertar.
¿Todo el día te has de estar
durmiendo? ¿Desde que yo
al águila que voló
con tarda vista seguí,   2095
nunca has despertado?

Segismundo.   No,
ni aun agora he despertado;
que según, Clotaldo, entiendo,
todavía estoy durmiendo,   2100
y no estoy muy engañado.
Porque si ha sido soñado
lo que vi palpable y cierto,
lo que veo será incierto;
y no es mucho que, rendido,   2105
pues veo estando dormido,
que sueñe estando despierto.

Clotaldo. Lo que soñaste me di.
Segismundo. Supuesto que sueño fue,
no diré lo que soñé;   2110
lo que vi, Clotaldo, sí.
Yo desperté, y yo me vi
—¡qué crueldad tan lisonjera!—
en un lecho que pudiera,
con matices y colores,   2115
ser el catre de las flores
que tejió la primavera.
Aquí mil nobles rendidos
a mis pies nombre me dieron
de su príncipe, y sirvieron   2120
galas, joyas y vestidos.
La calma de mis sentidos
tú trocaste en alegría,

Et toi, tour, n'es-tu pas
mon sépulcre? Oui, Dieu me protège!
combien de choses ai-je rêvées!

CLOTHALDE. *(à part)* (Il me faut m'approcher maintenant
pour lui donner le change.)

SIGISMOND. Est-il l'heure de s'éveiller?

CLOTHALDE. Oui, il est l'heure de s'éveiller.
Voudrais-tu passer toute la journée
à dormir? Le temps que j'ai passé
à regarder l'aigle
qui volait, pendant le temps
que tu es resté là,
ne t'es-tu jamais réveillé?

SIGISMOND. Non, et même maintenant
je ne suis pas encore réveillé;
en effet, Clothalde, à ce que je comprends,
je suis en train de dormir encore,
et je ne crois pas être dans l'illusion;
si toutes ces choses, en effet,
solides et sûres, n'étaient que songe,
ce que je vois doit être tout aussi incertain;
aussi n'est-il pas étonnant, captif de nouveau,
si je vois quand je dors,
que je songe à présent en étant éveillé,

CLOTHALDE. Dis-moi ce que tu as rêvé.

SIGISMOND. Même en admettant que ce fut un rêve,
je ne dirai pas ce que j'ai rêvé,
mais plutôt, Clothalde, ce que j'ai vu.
Je ne suis éveillé et je me suis vu
— quelle flatteuse cruauté! —
dans un lit qui aurait pu,
par ses nuances et ses couleurs
être le lit des fleurs
tissé par le printemps.
Là, mille gentilshommes, prosternés
à mes pieds, m'appelèrent
leur Prince et me présentèrent
des parures, des bijoux et des vêtements.
Et toi tu vins changer en allégresse
l'inertie de mes sens

diciendo la dicha mía;
que, aunque estoy de esta manera,   2125
príncipe en Polonia era.
Clotaldo. Buenas albricias tendría.
Segismundo. No muy buenas; por traidor,
con pecho atrevido y fuerte,
dos veces te daba muerte.   2130
Clotaldo. ¿Para mí tanto rigor?
Segismundo. De todos era señor,
y de todos me vengaba.
Sólo a una mujer amaba;
que fue verdad, creo yo,   2135
en que todo se acabó,
y esto solo no se acaba.

Vase el Rey.

Clotaldo. *(aparte)* (Enternecido se ha ido
el Rey de haberle escuchado.)
Como habíamos hablado   2140
de aquella águila, dormido,
tu sueño imperios han sido;
mas en sueños fuera bien
entonces honrar a quien
te crió en tantos empeños,   2145
Segismundo; que aun en sueños
no se pierde el hacer bien.

Vase.

Segismundo. Es verdad; pues reprimamos
esta fiera condición,
esta furia, esta ambición,   2150
por si alguna vez soñamos.
Y sí haremos, pues estamos
en mundo tan singular,
que el vivir sólo es soñar;
y la experiencia me enseña   2155
que el hombre que vive sueña
lo que es hasta despertar.
    Sueña el rey que es rey, y vive

en déclarant quel était mon bonheur;
car malgré l'état où je suis maintenant,
j'étais Prince en Pologne.

CLOTHALDE. Tu as dû me donner une belle récompense.

SIGISMOND. Pas très bonne : pour ta félonie,
d'un cœur hardi et sans faiblesse,
par deux fois je t'ai donné la mort.

CLOTHALDE. Contre moi une telle rigueur?

SIGISMOND. De tous j'étais le maître,
de tous je me vengeais;
mais j'aimais une femme...
Et ce qui prouve bien que cela fut vrai,
est que cet amour ne s'achève pas,
quand tout s'est achevé.

Sort le Roi.

CLOTHALDE. *(à part)* (Le Roi s'en est allé,
ému par ses propos.)
Comme nous avions parlé
de cet aigle, quand tu t'es endormi,
tu as rêvé d'empires;
mais même en rêve il eût convenu,
Sigismond, d'honorer alors
celui qui s'est donné tant de mal
pour t'élever; même en songe, en effet,
ce n'est jamais en vain que l'on pratique le bien.

Il sort.

SIGISMOND. Cela est vrai. Eh bien, réprimons alors
ce naturel sauvage,
cette furie, cette ambition,
au cas où nous aurions un songe de nouveau.
C'est décidé, nous agirons ainsi,
puisque nous habitons un monde si étrange
que la vie n'est rien d'autre que songe;
et l'expérience m'apprend
que l'homme qui vit, songe
ce qu'il est, jusqu'à son réveil.
Le Roi songe qu'il est un roi, et vivant

con este engaño mandando,
disponiendo y gobernando;   2160
y este aplauso, que recibe
prestado, en el viento escribe,
y en cenizas le convierte
la muerte, ¡desdicha fuerte!,
¿que hay quien intente reinar,   2165
viendo que ha de despertar
en el sueño de la muerte?
    Sueña el rico en su riqueza
que más cuidados le ofrece;
sueña el pobre que padece   2170
su miseria y su pobreza;
sueña el que a medrar empieza,
sueña el que afana y pretende,
sueña el que agravia y ofende;
y en el mundo, en conclusión,   2175
todos sueñan lo que son,
aunque ninguno lo entiende.
    Yo sueño que estoy aquí
de estas prisiones cargado,
y soñé que en otro estado   2180
más lisonjero me vi.
¿Qué es la vida? Un frenesí.
¿Qué es la vida? Una ilusión,
una sombra, una ficción,
y el mayor bien es pequeño;   2185
que toda la vida es sueño,
y los sueños sueños son.

dans cette illusion il commande,
il décrète, il gouverne ;
et cette majesté, seulement empruntée,
s'inscrit dans le vent,
et la mort en cendres
la charge, oh ! cruelle infortune !
Qui peut encore vouloir régner,
quand il voit qu'il doit s'éveiller
dans le songe de la mort ?
Le riche songe à sa richesse,
qui ne lui offre que soucis ;
le pauvre songe qu'il pâtit
de sa misère et de sa pauvreté ;
il songe, celui qui triomphe ;
il songe, celui qui s'affaire et prétend,
il songe, celui qui outrage et offense ;
et dans ce monde, en conclusion,
tous songent ce qu'ils sont,
mais nul ne s'en rend compte.
Moi je songe que je suis ici,
chargé de ces fers,
et j'ai songé m'être trouvé
en un autre état plus flatteur.
Qu'est-ce que la vie ? Un délire.
Qu'est donc la vie ? Une illusion,
une ombre, une fiction ;
le plus grand bien est peu de chose,
car toute la vie n'est qu'un songe,
et les songes rien que des songes.

TERCERA JORNADA

Sale Clarín.

Clarín.   En una encantada torre,
　　　　por lo que sé, vivo preso.
　　　　¿Qué me harán por lo que ignoro,　　　　　　2190
　　　　si por lo que sé me han muerto?
　　　　¡Que un hombre con tanta hambre
　　　　viniese a morir viviendo!
　　　　Lástima tengo de mí.
　　　　Todos dirán : « Bien lo creo »,　　　　　　　2195
　　　　y bien se puede creer;
　　　　pues para mí este silencio
　　　　no conforma con el nombre
　　　　Clarín, y callar no puedo.
　　　　Quien me hace compañía　　　　　　　　　　2200
　　　　aquí, si a decirlo acierto,
　　　　son arañas y ratones :
　　　　¡miren qué dulces jilgueros!
　　　　De los sueños desta noche
　　　　la triste cabeza tengo　　　　　　　　　　　2205
　　　　llena de mil chirimías,
　　　　de trompetas y embelecos,
　　　　de procesiones, de cruces,
　　　　de disciplinantes; y éstos,
　　　　unos suben, otros bajan,　　　　　　　　　　2210
　　　　otros se desmayan viendo
　　　　la sangre que llevan otros.

TROISIÈME JOURNÉE

Entre Clarín.

CLARÍN. En une tour enchantée,
   pour les raisons que je sais,
   me voici emprisonné.
   Que ne me fera-t-on pour ce que j'ignore,
   si l'on m'a tué pour ce que je sais?
   Quand je pense qu'un homme tellement affamé
   en est réduit ainsi à mourir tout vif!
   Vraiment je me fais pitié;
   tout le monde va dire : « Il y a bien de quoi! »
   et, pour sûr, il y a de quoi;
   ce silence, en effet, jure avec mon nom
   de Clarín, car moi je ne peux pas demeurer sans rien dire.
   Ici ma seule compagnie,
   si je puis dire,
   ce sont les araignées et les souris :
   jolis rossignols, en effet!
   Les songes de cette nuit
   ont empli ma pauvre caboche
   de mille flûtiaux,
   de trompettes et de menteries,
   de processions, de croix,
   de flagellants; parmi ceux-ci,
   les uns montent, les autres descendent,
   d'autres s'évanouissent,
   à la vue du sang qui sur d'autres ruisselle;

Mas yo, la verdad diciendo,
de no comer me desmayo;
que en esta prisión me veo,   2215
donde ya todos los días
en el filósofo leo
Nicomedes, y las noches
en el concilio Niceno.
Si llaman santo al callar,   2220
como en calendario nuevo,
San Secreto es para mí,
pues le ayuno y no le huelgo;
aunque está bien merecido
el castigo que padezco,   2225
pues callé, siendo criado,
que es el mayor sacrilegio.

Ruido de cajas y gente, y dicen dentro.

Soldado 1º .   Ésta es la torre en que está.
Echad la puerta en el suelo;
entrad todos.
Clarín.   ¡Vive Dios!   2230
que a mí me buscan es cierto,
pues que dicen que aquí estoy.
¿Qué me querrán?

Salen los Soldados que pudieren.

Soldado 1º   Entrad dentro.
Soldado 2º .   Aquí está.
Clarín.   No está.
Todos.   Señor…
Clarín. (aparte)   (¿Si vienen borrachos éstos?)   2235
Soldado 2º   Tú nuestro príncipe eres;
ni admitimos ni queremos
sino al señor natural,
y no príncipe extranjeroàç!.
A todos nos da los pies.   2240
Todos. ¡Viva el gran príncipe nuestro!
Clarín. (¡Vive Dios, que va de veras!

mais pour ma part, à dire vrai,
c'est de ne pas manger que je m'évanouis ;
car je me vois en ce cachot
où chaque jour il me faut lire
le philosophe Nicomède,
et chaque soir je me retrouve
en plein concile de Nicène.
Le silence est sacré, dit-on ;
pour moi, comme au calendrier nouveau,
on pourrait fort bien l'appeler
Saint Secret, fête jeûnée,
mais non point carillonnée ;
et pourtant j'ai bien mérité
le châtiment que l'on m'inflige :
bouche cousue pour un valet,
en voilà un beau sacrilège !

Bruit de tambours. Une foule. Une voix, en coulisses.

PREMIER SOLDAT.   Voici la tour où il se trouve.
Jetez bas cette porte,
et entrez tous.
CLARÍN.   Morbleu ! C'est moi qu'ils cherchent à coup sûr,
puisque je suis, paraît-il, ici.
Qu'est-ce qu'ils peuvent bien me vouloir ?

Entrent autant de soldats que possible.

PREMIER SOLDAT.   Entrez tous.
DEUXIÈME SOLDAT.   Il est là.
CLARÍN.   N'est pas là...
TOUS.   Seigneur...
CLARÍN(*à part*).   (Seraient-ils ivres ces gens-là !)
DEUXIÈME SOLDAT.   C'est toi qui es notre Prince ;
   nous n'admettons ni ne voulons
   que notre Seigneur légitime,
   et non pas un Prince étranger.
   Permets-nous de baiser tes pieds.
TOUS.   Vive notre illustre Prince !
CLARÍN(*à part*).   (Vertudieu ! C'est pour de bon !)

(aparte) ¿Si es costumbre en este reino
          prender uno cada día
          y hacerle príncipe, y luego   2245
          volverle a la torre? Sí,
          pues cada día lo veo;
          fuerza es hacer mi papel.)
Soldados. Danos tus plantas.
Clarín.   No puedo,
          porque las he menester   2250
          para mí, y fuera defecto
          ser príncipe desplantado.
Soldado 2º. Todos a tu padre mesmo
          le dijimos que a ti solo
          por príncipe conocemos,   2255
          no al de Moscovia.

Clarín.   ¿A mi padre
          le perdistis el respeto?
          Sois unos tales por cuales.
Soldato 1º. Fue lealtad de nuestros pechos.
Clarín. Si fue lealtad, yo os perdono.   2260
Soldato 2º. Sal a restaurar tu imperio.
          ¡Viva Segismundo!
Todos.   ¡Viva!
Clarín. (¿Segismundo dicen? Bueno.
(aparte) Segismundo llaman todos
          los príncipes contrahechos.)   2265

          Sale Segismundo.

Segismundo. ¿Quién nombra aquí a Segismundo?
Clarín. (¡Mas que soy príncipe huero!)
(aparte)
Soldado 2º. ¿Quién es Segismundo?
Segismundo.   Yo.
Soldado 2º. Pues ¿cómo, atrevido y necio,
          tú te hacías Segismundo?   2270
Clarín. ¿Yo Segismundo? Eso niego.
          Que vosotros fuisteis quien
          me segismundasteis; luego
          vuestra ha sido solamente
          necedad y atrevimiento.   2275

Aurait-on coutume en ce royaume
d'emprisonner un homme chaque jour
et de le faire Prince, et ensuite
de le renvoyer dans sa tour? Certes,
puisque je vois cela se passer chaque jour.
Il me faut donc jouer mon rôle.)

TOUS. Donne-nous tes pieds.

CLARÍN. Impossible, j'en ai besoin
pour mon propre usage et il serait dommage
d'être un Prince dépourvu de pieds.

DEUXIÈME SOLDAT. Nous avons tous dit à ton père lui-même
que nous ne reconnaissons
pour Prince que toi seul,
et non le duc de Moscovie.

CLARÍN. Avez-vous donc manqué de respect à mon père?
Vous n'êtes que de vils croquants!

PREMIER SOLDAT. C'est par loyauté que nous avons agi.

CLARÍN. Si c'est par loyauté, je vous pardonne.

DEUXIÈME SOLDAT. Sors d'ici afin de restaurer ton empire.
Vive Sigismond!

TOUS. Vivat!

CLARÍN(à part). (Sigismond, disent-ils? C'est bon;
Sigismond est sans doute le nom
de tous les princes de pacotille.)

Entre Sigismond.

SIGISMOND. Qui parle ici de Sigismond?

CLARÍN. (à part) (D'un prince, parions que j'ai l'air
seulement, et non pas la chanson!)

DEUXIÈME SOLDAT. Qui est Sigismond?

SIGISMOND. C'est moi.

DEUXIÈME SOLDAT. Comment donc osais-tu, insolente canaille,
jouer les Sigismond?

CLARÍN. Moi, Sigismond? Jamais de la vie!
C'est vous qui m'avez ensigismondé;
c'est donc vous plutôt
qui êtes d'effrontés imbéciles.

Soldado 1º . Gran príncipe Segismundo
    —que las señas que traemos
    tuyas son, aunque por fe
    te aclamamos señor nuestro—,
    tu padre, el gran rey Basilio,   2280
    temeroso que los cielos
    cumplan un hado, que dice
    que ha de verse a tus pies puesto,
    vencido de ti, pretende
    quitarte acción y derecho,   2285
    y dársela a Astolfo, duque
    de Moscovia. Para esto
    juntó su corte, y el vulgo,
    penetrando ya y sabiendo
    que tiene rey natural,   2290
    no quiere que un extranjero
    venga a mandarle. Y así,
    haciendo noble desprecio
    de la inclemencia del hado,
    te ha buscado donde preso   2295
    vives, para que, valido
    de sus armas y saliendo
    desta torre a restaurar
    tu imperial corona y cetro,
    se la quites a un tirano.   2300
    Sal, pues, que en ese desierto
    ejército numeroso
    de bandidos y plebeyos
    te aclama. La libertad
    te espera; oye sus acentos.   2305

Voces. ¡Viva Segismundo, viva!
(dentro)
Segismundo. ¿Otra vez—¡qué es esto, cielos!—
    queréis que sueñe grandezas
    que ha de deshacer el tiempo?
    ¿Otra vez queréis que vea   2310
    entre sombras y bosquejos
    la majestad y la pompa
    desvanecida del viento?
    ¿Otra vez queréis que toque

PREMIER SOLDAT. Grand prince Sigismond
— car tu corresponds au signalement,
mais nous c'est par fidélité
que nous te proclamons notre souverain —,
ton père, le grand roi Basyle,
craignant que les cieux
n'exécutent un arrêt du destin,
selon lequel il doit se voir un jour
à tes pieds prosterné,
vaincu par toi, prétend
te dénier le libre usage de tes droits
et donner celui-ci au duc de Moscovie,
Astolphe. Il a pour cela
convoqué sa Cour; mais le peuple,
devinant, sachant bel et bien
qu'il a un roi légitime,
refuse qu'un étranger
vienne le commander. Ainsi,
faisant fi noblement
de l'inclémence du destin
est-il venu te rechercher là où tu vis emprisonné,
pour que sous la protection de ses armes,
et sortant de cette tour pour restaurer
ta couronne et ton sceptre impériaux,
tu les arraches à un tyran.
Sors, donc; dans ce désert,
une armée nombreuse
de partisans et de gens du peuple
t'acclame; la liberté
t'attend; écoute ses accents.
DES VOIX EN COULISSES. Vive Sigismond! Vivat!

SIGISMOND. De nouveau — oh! cieux, que signifie cela ? —
vous voulez que je rêve
d'une grandeur que le temps détruira?
De nouveau vous voulez que je voie,
parmi les ombres et l'illusion,
les splendeurs majestueuses
que fait se dissiper le vent?
De nouveau vous voulez que je touche du doigt

el desengaño, o el riesgo   2315
a que el humano poder
nace humilde y vive atento?
Pues ¡no ha de ser, no ha de ser!
Miradme otra vez sujeto
a mi fortuna. Y pues sé   2320
que toda esta vida es sueño,
idos, sombras, que fingís
hoy a mis sentidos muertos
cuerpo y voz, siendo verdad
que ni tenéis voz ni cuerpo;   2325
que no quiero majestades
fingidas, pompas no quiero
fantásticas, ilusiones
que al soplo menos ligero
del aura han de deshacerse,   2330
bien como el florido almendro,
que por madrugar sus flores,
sin aviso y sin consejo,
al primer soplo se apagan,
marchitando y desluciendo   2335
de sus rosados capillos
belleza, luz y ornamento.
Ya os conozo, ya os conozco,
y sé que os pasa lo mesmo
con cualquiera que se duerme.   2340
Para mí no hay fingimientos;
que, desengañado, ya,
sé bien que la vida es sueño.

Soldado 2º . Si piensas que te engañamos,
vuelve a ese monte soberbio   2345
los ojos, para que veas
la gente que aguarda en ellos
para obedecerte.

Segismundo.   Ya
otra vez vi aquesto mesmo
tan clara y distintamente   2350
como ahora lo estoy viendo,
y fue sueño.

Soldado 2º .   Cosas grandes

le désabusement, ou le péril,
auxquels par naissance toute puissance humaine
humblement est soumise,
auxquels il faut toujours être attentifs?
Eh bien! je ne veux pas, je ne veux pas;
regardez : me voici de nouveau
la proie de mon destin; mais puisque je sais
que toute cette vie est un songe,
allez-vous-en, ombres qui simulez
aujourd'hui à mes sens moribonds
un corps et une voix, tant il est vrai
que vous n'avez ni voix ni corps;
je ne veux pas de fausses majestés,
je ne veux pas de splendeurs chimériques,
illusions fantastiques
qui au plus léger souffle s'évanouiront,
pareilles à l'amandier fleuri,
dont les fleurs fraîches écloses,
innocentes et imprudentes,
s'éteignent sous le premier souffle,
laissant se flétrir et laissant se ternir
de leurs roses boutons
la beauté, l'éclat, l'ornement.
Je vous connais, ah oui! je vous connais,
et je sais que vous en usez de même
avec quiconque s'endort;
mais il n'est plus pour moi désormais d'illusions;
car, désenchanté à présent,
je sais bien, je sais que la vie est un songe. —

DEUXIÈME SOLDAT.   Si tu crois que nous te trompons,
tourne les yeux vers ces monts orgueilleux,
afin de voir les gens qui t'y attendent
pour t'obéir.

SIGISMOND.   Une autre fois déjà j'ai vu cela même,
aussi clairement, aussi distinctement
que je le vois maintenant,
et ce n'était qu'un songe.

DEUXIÈME SOLDAT.   Les grands événements, Seigneur,

        siempre, gran señor, trujeron
        anuncios; y esto sería,
        si lo soñaste primero.   2355
Segismundo. Dices bien, anuncio fue;
        y caso que fuese cierto,
        pues que la vida es tan corta,
        soñemos, alma, soñemos
        otra vez; pero ha de ser   2360
        con atención y consejo
        de que hemos de despertar
        deste gusto al mejor tiempo;
        que llevándolo sabido,
        será el desengaño menos;   2365
        que es hacer burla del daño
        adelantarle el consejo.
        Y con esta prevención
        de que, cuando fuese cierto,
        es todo el poder prestado   2370
        y ha de volverse a su dueño,
        atrevámonos a todo.
        Vasallos, yo os agradezco
        la lealtad; en mí lleváis
        quien os libre, osado y diestro,   2375
        de estranjera esclavitud.
        Tocad al arma, que presto
        veréis mi inmenso valor.
        Contra mi padre pretendo
        tomar armas y sacar   2380
        verdaderos a los cielos.
        Presto he de verle a mis plantas...
(aparte) (Mas si antes desto despierto,
        ¿no será bien no decirlo,
        supuesto que no he de hacerlo?)   2385
Todos. ¡Viva Segismundo, viva!

                    Sale Clotaldo.

Clotaldo. ¿Qué alboroto es éste, cielos?
Segismundo. Clotaldo.
Clotaldo.   Señor... *(Aparte.)* (En mí
        su crueldad prueba.)

ont toujours été précédés de présages;
ce doit être le cas,
si tu en as rêvé d'avance.

SIGISMOND.   Tu as raison, ce fut là un présage;
et au cas où il dirait vrai,
puisque la vie est si courte,
rêvons, ô mon âme, rêvons de nouveau;
mais en prenant bien soin de ne point oublier
qu'il nous faudra un jour nous réveiller
au beau milieu de ce rêve doré;
si nous en sommes bien persuadés,
la désillusion sera moindre;
c'est en effet déjouer le malheur
que de le devancer par la pensée.
Ayant ainsi bien présent à l'esprit,
pour le cas où il se réaliserait,
que tout pouvoir n'est qu'emprunté
et qu'il faut un jour à son maître le rendre,
ne craignons plus désormais nulle audace.
— Vassaux, je vous rends grâces
de votre loyauté; vous trouverez en moi
qui vous délivrera, par son courage et son habileté
de l'asservissement à un étranger.
Sonnez aux armes, car bientôt
vous allez voir mon immense courage.
Je veux contre mon père
prendre les armes, et confirmer
l'arrêt du ciel.
Bientôt il sera à mes pieds...
(à part) (Mais, si je me réveille avant,
ne vaudrait-il pas mieux ne rien dire,
puisque dans ce cas je n'en ferai rien?)

TOUS.   Vive Sigismond! Vivat!

Entre Clothalde.

CLOTHALDE.   Que signifie, grand ciel! ce vacarme?
SIGISMOND.   Clothalde...
CLOTHALDE.   Seigneur... *(à part)* (Il va sur moi encore
exercer sa rigueur.)

Clarín. (aparte)   (Yo apuesto
          que le despeña del monte.)   2390

                              Vase.

Clotaldo. A tus reales plantas llego,
          ya sé que a morir.

Segismundo.   Levanta,
          levanta, padre, del suelo,
          que tú has de ser norte y guía
          de quien fíe mis aciertos;   2395
          que ya sé que mi crianza
          a tu mucha lealtad debo.
          Dame los brazos.
Clotaldo.   ¿Qué dices?
Segismundo. Que estoy soñando, y que quiero
          obrar bien, pues no se pierde   2400
          obrar bien, aun entre sueños.
Clotaldo. Pues, señor, si el obrar bien
          es ya tu blasón, es cierto
          que no te ofenda el que yo
          hoy solicite lo mesmo.   2405
          ¿A tu padre has de hacer guerra?
          Yo aconsejarte no puedo
          contra mi Rey, ni valerte.
          A tus plantas estoy puesto;
          dame la muerte.
Segismundo.   ¡Villano,   2410
          traidor, ingrato! *(aparte)* (Mas¡ cielos!,
          reportarme me conviene,
          que aún no sé si estoy despierto.)
          Clotaldo, vuestro valor
          os envidio y agradezco.   2415
          Idos a servir al Rey,
          que en el campo nos veremos.
          Vosotros, tocad al arma.
Clotaldo. Mil veces tus plantas beso.
Segismundo. A reinar, fortuna, vamos;   2420
          no me despiertes, si duermo,
          y si es verdad, no me duermas.

CLARÍN. *(à part).* (Je parie qu'il va vous le précipiter
   du haut de cette montagne.)

Il sort.

CLOTHALDE.   A tes pieds je viens, devant mon souverain,
   me prosterner; mais pour y trouver
   la mort, je le sais.
SIGISMOND.   Relève-toi, père, relève-toi; —
   c'est toi qui dois être le nord et le guide
   à qui je veux confier mes succès;
   car je sais bien tout ce que mon éducation
   doit à ta grande loyauté.
   Donne-moi tes bras.

CLOTHALDE.   Que dis-tu là?
SIGISMOND.   Que je rêve, et que je veux —
   agir selon le bien, car on ne perd rien —
   à faire le bien, même en songe. —
CLOTHALDE.   Eh bien, Seigneur, si désormais
   tu mets ton point d'honneur à pratiquer le bien,
   je ne t'offenserai assurément pas
   en prétendant en faire autant.
   Contre ton père vas-tu partir en guerre!
   Pour moi je ne peux pas t'aider de mon conseil
   contre mon Roi, ni défendre ta cause.
   Me voici à tes pieds prosterné;
   donne-moi la mort.
SIGISMOND.   Manant, traître, ingrat! *(A part.)* (Mais, ciel,
   il faut me contenir,
   car je ne sais encore si je suis éveillé.)
   Clothalde, j'envie votre courage
   et je vous en sais gré.
   Allez servir le Roi;
   nous nous retrouverons sur le champ de bataille.
   — Et vous, sonnez aux armes.
CLOTHALDE.   Mille fois je baise tes pieds.
SIGISMOND.   Fortune, allons régner;
   ne m'éveille pas si je dors;
   si tout est vrai, ne m'endors pas.

Mas, sea verdad o sueño,
obrar bien es lo que importa.
Si fuere verdad, por serlo;   2425
si no, por ganar amigos
para cuando despertemos.

Vanse y tocan al arma. Salen el rey Basilio y Astolfo.

Basilio.   ¿Quién, Astolfo, podrá parar, prudente,
la furia de un caballo desbocado?
¿Quién detener de un río la corriente   2430
que corre al mar soberbio y despeñado?
¿Quién un peñasco suspender, valiente,
de la cima de un monte desgajado?
Pues todo fácil de parar ha sido,
y un vulgo no, soberbio y atrevido.   2435
    Dígalo en bandos el rumor partido,
pues se oye resonar en lo profundo
de los montes el eco repetido,
unos ¡Astolfo! y otros¡ Segismundo!
El dosel de la jura, reducido   2440
a segunda intención, a horror segundo,
teatro funesto es, donde, importuna,
representa tragedias la fortuna.

Astolfo.   Suspéndase, señor, el alegría,
cese el aplauso y gusto lisonjero   2445
que tu mano feliz me prometía;
que si Polonia, a quien mandar espero,
hoy se resiste a la obediencia mía,
es porque la merezca yo primero.
Dadme un caballo, y de arrogancia lleno,   2450
rayo decienda el que blasona trueno.

Vase.

Basilio.   Poco reparo tiene lo infalible,
y mucho riesgo lo previsto tiene;

Mais, que tout soit vrai ou que tout soit songe,
il n'importe que d'agir bien ;
si tout est vrai, pour cela même,
et sinon, afin de nous faire des amis
pour quand nous nous éveillerons.

Ils sortent. Appel aux armes. Entrent le roi Basyle
et Astolphe.

BASYLE.   Qui pourrait, Astolphe, refréner prudemment
   la furie d'un cheval emballé ? ——
   Qui d'un fleuve orgueilleux et qui se précipite
   vers l'océan saurait paralyser l'élan ?
   Qui retenir un rocher valeureux
   se déprenant d'un sommet montueux ?
   Tout cela pourtant plus facilement se contient
   que d'une populace l'orgueilleux courroux.
   Cette rumeur en factions divisée en donne la preuve,
   car l'on entend sonner dans le profond des monts
   cet écho répété : Astolphe, d'un côté ; de l'autre, Sigismond !
   La salle du trône qu'emplit la trahison,
   que l'horreur envahit,
   désormais n'est plus qu'un théâtre funeste
   où la fortune, d'importune façon,
   représente ses tragédies.
ASTOLPHE.   Sire, que s'interrompent ces réjouissances ;
   que la gloire et la joie que promettait ta main
   bénie à mes ambitions, demeurent suspendues ;
   si la Pologne, sur laquelle j'espère régner,
   me refuse aujourd'hui l'obéissance,
   c'est afin que, d'abord, je sache en être digne.
   Donnez-moi un cheval et que plein d'arrogance,
   comme foudre s'abatte
   qui contient le tonnerre.

Il sort.

BASYLE.   Contre l'inéluctable il n'est de protection,
   et ce qui est prédit offre bien des dangers :

si ha de ser, la defensa es imposible,
que quien la escusa más, más la previene.   2455
¡Dura ley! ¡Fuerte caso! ¡Horror terrible!
Quien piensa que huye el riesgo, al riesgo viene.
Con lo que yo guardaba me he perdido;
yo mismo, yo mi patria he destruido.

Sale Estrella.

Estrella.   Si tu presencia, gran señor, no trata   2460
de enfrenar el tumulto sucedido,
que de uno en otro bando se dilata,
por las calles y plazas dividido,
verás tu reino en ondas de escarlata
nadar, entre la púrpura teñido   2465
de su sangre; que ya con triste modo,
todo es desdichas y tragedias todo.
        Tanta es la ruina de tu imperio, tanta
la fuerza del rigor duro y sangriento,
que visto admira y escuchado espanta.   2470
El sol se turba y se embaraza el viento;
cada piedra un pirámide levanta
y cada flor construye un monumento;
cada edificio es un sepulcro altivo,
cada soldado un esqueleto vivo.   2475

Sale Clotaldo.

Clotaldo.   ¡Gracias a Dios que vivo a tus pies llego!
Basilio. Clotaldo, pues¿ qué hay de Segismundo?
Clotaldo. Que el vulgo, monstruo despeñado y ciego,
la torre penetró, y de lo profundo
della sacó su príncipe, que luego   2480
que vio segunda vez su honor segundo,
valiente se mostró, diciendo fiero
que ha de sacar al cielo verdadero.
Basilio.   Dadme un caballo, porque yo en persona
vencer valiente a un hijo ingrato quiero;   2485
y en la defensa ya de mi corona,
lo que la ciencia erró venza el acero.

Vase.

Estrella. Pues yo al lado del sol seré Belona.
Poner mi nombre junto al tuyo espero;

contre ce qui doit être, on ne peut se défendre,
plus on veut l'éviter et plus on le provoque.
Sévère loi! Âpre destin! Horreur terrible!
Qui veut fuir le danger, dans le danger accourt;
ce dont je me gardais de ma perte est la cause;
moi-même, oui moi-même, j'ai détruit ma patrie!

Entre Etoile.

ÉTOILE.   Sire, si tu ne veux par ta présence contenir
le tumulte qui vient d'éclater,
et qui dans les deux camps se propage,
se partageant les rues, les places,
tu verras ton royaume en des flots écarlates
s'en aller dérivant, teint de la pourpre de son sang,
car, désormais, de sinistre façon,
tout n'est plus que disgrâces, tout n'est que tragédie.
Telle est la ruine de ton empire, telle
la force des passions sauvages et sanglantes
que la vue en saisit de stupeur et de frayeur l'écho.
Le soleil est troublé, le vent s'immobilise,
chaque pierre dresse une pyramide,
chaque fleur construit un tombeau,
chaque édifice est un sépulcre altier,
Chaque soldat un squelette vivant.

Entre Clothalde.

CLOTHALDE.   Loué soit Dieu, j'arrive vivant à tes pieds!
BASYLE.   Clothalde, qu'en est-il de Sigismond?
CLOTHALDE.   La populace, telle un monstre aveugle et déchaîné,
est entrée dans la tour et de ses profondeurs
a fait sortir le Prince; celui-ci dès qu'il vit
pour la seconde fois son honneur restitué,
s'est montré valeureux, déclarant fièrement
qu'il allait accomplir tous les arrêts du ciel.
BASYLE.   Donnez-moi un cheval, car moi-même en personne
je veux par mon courage vaincre un fils ingrat;
et pour défendre ma couronne, où la science échoua,
que le fer désormais soit vainqueur.

Il sort.

ÉTOILE.   Aux côtés du soleil, moi je serai Bellone;
auprès du tien je veux mettre mon nom;

que he de volar sobre tendidas alas   2490
a competir con la deidad de Palas.

Vase y tocan al arma. Sale Rosaura y detiene a Clotaldo.

Rosaura.   Aunque el valor que se encierra
en tu pecho, desde allí
da voces, óyeme a mí;
que yo sé que todo es guerra.   2495
      Ya sabes que yo llegué
pobre, humilde y desdichada
a Polonia, y amparada
de tu valor, en ti hallé
      piedad. Mandásteme, ¡ay cielos!,   2500
que disfrazada viviese
en palacio, y pretendiese,
disimulando mis celos,
      guardarme de Astolfo. En fin,
él me vio, y tanto atropella   2505
mi honor que, viéndome, a Estrella
de noche habla en un jardín.
      Déste la llave he tomado,
y te podré dar lugar
de que en él puedas entrar   2510
a dar fin a mi cuidado.
      Aquí altivo, osado y fuerte,
volver por mi honor podrás,
pues que ya resuelto estás
a vengarme con su muerte.   2515
Clotaldo.   Verdad es que me incliné,
desde el punto que te vi,
a hacer, Rosaura, por ti
—testigo tu llanto fue—
      cuanto mi vida pudiese.   2520
Lo primero que intenté
quitarte aquel traje fue,
porque, si Astolfo te viese,
      te viese en tu propio traje,
sin juzgar a liviandad   2525
la loca temeridad

les ailes déployées, je vais prendre mon vol,
pour rivaliser avec la déesse Pallas.

Elle sort. Appel aux armes.
Entre Rosaure qui retient Clothalde.

ROSAURE.   Bien que le grand courage
   que renferme ton cœur
   clame à grand cris, écoute-moi,
   je sais bien que la guerre est partout.
   Tu sais que je suis arrivée,
   pauvre, humble et malheureuse,
   en Pologne et que, protégée
   noblement par toi, en toi j'ai trouvé
   de la compassion; tu m'ordonnas, oh! ciel!
   de vivre au Palais, sous un déguisement
   et de m'efforcer, tout en dissimulant
   ma jalousie, de me cacher d'Astolphe.
   Bref, il m'a vue; mais il outrage tellement
   mon honneur que m'ayant vue, cela ne l'empêche pas
   de s'entretenir avec Etoile
   la nuit dans un jardin;
   j'ai pris la clé de ce jardin,
   et je pourrai te donner l'occasion
   d'y pénétrer facilement
   pour mettre fin à mon tourment
   Ainsi ton audace, ta force, ta fierté
   pourront défendre mon honneur,
   puisque tu es résolu désormais
   à me venger en lui donnant la mort.
CLOTHALDE.   Il est vrai que je me suis offert,
   depuis l'instant où je t'ai vue,
   à faire, Rosaure, pour toi
   — tes larmes peuvent en témoigner —
   tout ce que ma vie pourrait faire.
   Mon premier soin fut de te faire
   changer d'habits; afin
   que si Astolphe venait à te voir,
   il te vît dans tes propres habits,
   sans taxer de légèreté
   une folle témérité

que hace del honor ultraje.
    En este tiempo trazaba
cómo cobrar se pudiese
tu honor perdido, aunque fuese   2530
—tanto tu honor me arrestaba—
    dando muerte a Astolfo. ¡Mira
qué caduco desvarío!
Si bien, no siendo rey mío,
ni me asombra ni me admira.   2535
    Darle pensé muerte, cuando
Segismundo pretendió
dármela a mí, y él llegó,
su peligro atropellando,
    a hacer en defensa mía   2540
muestras de su voluntad
que fueron temeridad,
pasando de valentía.
    Pues, ¿cómo yo agora, advierte,
teniendo alma agradecida,   2545
a quien me ha dado la vida
le tengo de dar la muerte?
    Y así, entre los dos partido
el afeto y el cuidado,
viendo que a ti te la he dado,   2550
y que dél la he recibido,
    no sé a qué parte acudir,
no sé qué parte ayudar;
si a ti me obligué con dar,
dél lo estoy con recibir.   2555
    Y así, en la acción que se ofrece,
nada a mi amor satisface,
porque soy persona que hace
y persona que padece.

Rosaura.   No tengo que prevenir   2560
que en un varón singular,
cuanto es noble acción el dar
es bajeza el recibir.
    Y este principio asentado,
no has de estarle agradecido,   2565

qui est un outrage à l'honneur.
Je m'ingéniais alors
à trouver un moyen qui puisse rétablir
ton honneur perdu, fût-ce
— tellement j'avais souci de ta gloire —
en donnant la mort à Astolphe. Quelle folle
chimère! Pourtant comme il n'est pas
mon roi, cela ne me surprend
ni ne m'étonne! Donc, je pensais
lui donner la mort, lorsque Sigismond
prétendit me l'infliger à moi;
au péril de sa vie, Astolphe s'approcha
et manifesta, en prenant ma défense,
la bienveillance qu'il avait pour moi,
faisant preuve là de témérité
plus encore que de vaillance.
Comment voudrais-tu qu'à présent,
n'ayant point le cœur d'un ingrat,
je puisse à celui qui m'a donné la vie
donner la mort?
Ainsi mon cœur et mon souci,
entre vous deux se partageant,
voyant qu'à toi je t'ai donné la vie,
et que de lui je l'ai reçue,
je ne sais point quel parti adopter,
pour lequel prendre fait et cause.
Si, te donnant la vie,
envers toi je me suis obligé,
envers lui je le suis aussi,
en recevant de lui la vie;
ainsi, en cette conjoncture,
rien ne satisfait mon amour,
car je suis celui qui agit
et qui tout à la fois subit.

ROSAURE. Je n'ai pas besoin de te faire observer
que chez un homme de cœur
autant il est noble de donner,
autant il est vil de recevoir.
Ce principe posé,
tu ne lui dois aucune gratitude,

supuesto que si él ha sido
el que la vida te ha dado,
    y tú a mí, evidente cosa
es que él forzó tu nobleza
a que hiciese una bajeza,   2570
y yo una acción generosa.
    Luego estás dél ofendido,
luego estás de mí obligado,
supuesto que a mí me has dado
lo que dél has recibido;   2575
    y así debes acudir
a mi honor en riesgo tanto,
pues yo le prefiero cuanto
va de dar a recibir.

Clotaldo.   Aunque la nobleza vive   2580
de la parte del que da,
el agradecerla está
de parte del que recibe;
    y pues ya dar he sabido,
ya tengo con nombre honroso   2585
el nombre de generoso.
Déjame el de agradecido,
    pues le puedo conseguir
siendo agradecido cuanto
liberal, pues honra tanto   2590
el dar como el recibir.

Rosaura.   De ti recibí la vida,
y tú mismo me dijiste,
cuando la vida me diste,
que la que estaba ofendida   2595
    no era vida. Luego yo
nada de ti he recibido;
pues vida no vida ha sido
la que tu mano me dio.
    Y si debes ser primero   2600
liberal que agradecido,
como de ti mismo he oído,
que me des la vida espero,

puisque si c'est lui
qui t'a donné la vie,
et toi qui m'as donné la mienne,
il est bien évident qu'il força ta noblesse
à commettre une vilenie,
et moi une action généreuse.
Ainsi donc il t'a offensé,
ainsi tu es mon obligé,
puisque tu m'as donné à moi
ce que de lui tu as reçu ;
aussi faut-il que tu viennes au secours
de mon honneur en ce péril si grand,
car sur lui je l'emporte
de tout ce qui sépare donner et recevoir.

CLOTHALDE.   Bien que la noblesse soit
du côté de celui qui donne,
il convient d'avoir de la reconnaissance
envers celui qui reçoit ;
puisque j'ai su donner,
je puis, en tout honneur, me décerner
le titre d'homme généreux ;
mais permets-moi aussi d'être reconnaissant,
je puis le mériter,
en me montrant reconnaissant
autant que libéral,
car il est aussi honorable
de donner que de recevoir.

ROSAURE.   De toi j'ai reçu la vie,
et tu m'as dit toi-même,
en me la donnant,
qu'une vie offensée
n'était plus une vie ; par conséquent
je n'ai rien reçu de toi,
car celle que j'ai reçue de ton fait
était une vie qui n'en était pas une.
Et si tu dois te montrer libéral
avant de te montrer reconnaissant
— ainsi que tu l'as dit toi-même —,
j'attends que tu me donnes la vie,

```
                que no me la has dado; y pues
                el dar engrandece más,                        2605
                sé antes liberal, serás
                agradecido después.
Clotaldo.          Vencido de tu argumento,
                antes liberal seré.
                Yo, Rosaura, te daré                          2610
                mi hacienda, y en un convento
                   vive; que está bien pensado
                el medio que solicito;
                pues huyendo de un delito
                te recoges a un sagrado;                      2615
                   que cuando, tan dividido,
                el reino desdichas siente,
                no he de ser quien las aumente,
                habiendo noble nacido.
                   Con el remedio elegido                     2620
                soy con el reino leal,
                soy contigo liberal,
                con Astolfo agradecido;
                   y así escogerle te cuadre,
                quedándose entre los dos,                     2625
                que no hiciera, ¡vive Dios!,
                más, cuando fuera tu padre.

Rosaura.        Cuando tú mi padre fueras,
                sufriera esa injuria yo;
                pero no siéndolo, no.                         2630
Clotaldo.       ¿Pues qué es lo que hacer esperas?
Rosaura.        Matar al duque.
Clotaldo.                         Una dama
                que padres no ha conocido
                ¿tanto valor ha tenido?
Rosaura.        Sí.
Clotaldo.          ¿Quién te alienta?
Rosaura.                              Mi fama.               2635
Clotaldo.       Mira que a Astolfo has de ver...
Rosaura.        Todo mi honor lo atropella.
Clotaldo.       ... tu rey, y esposo de Estrella.
Rosaura.        ¡Vive Dios que no ha de ser!
Clotaldo.       Es locura.
```

car tu ne me l'as point donnée ; et puisque
il y a plus de noblesse à donner,
montre-toi d'abord libéral ;
ensuite tu pourras être reconnaissant.

CLOTHALDE.   Convaincu par tes arguments,
je serai d'abord libéral.
Rosaure, moi je te donnerai
tous mes biens et tu entreras
au couvent ; le moyen
que je propose
me paraît bien considéré ;
échappant à un crime en effet
tu trouveras là un asile.
Quand notre royaume est la proie
des divisions et des calamités,
je suis de trop noble naissance
pour en multiplier le nombre.
Grâce au remède que j'ai choisi,
je suis loyal envers le royaume,
envers toi libéral,
reconnaissant envers Astolphe ;
aussi convient-il que tu le choisisses,
l'affaire restant entre nous ;
par Dieu ! si j'étais ton père,
je n'agirais pas autrement.

ROSAURE.   Si tu étais mon père,
je tolérerais cette injure,
mais, ne l'étant pas, certes non.

CLOTHALDE.   Que souhaites-tu donc faire ?

ROSAURE.   Tuer le duc.

CLOTHALDE.   Une dame qui n'a jamais connu son père
peut-elle avoir tant de vaillance ?

ROSAURE.   Oui.

CLOTHALDE.   Qui t'encourage ?

ROSAURE.   Le souci de ma gloire.

CLOTHALDE.   Considère qu'Astolphe doit devenir...

ROSAURE.   Mon honneur n'a souci de rien.

CLOTHALDE.   ... ton roi, et l'époux d'Etoile.

ROSAURE.   Par Dieu, cela ne sera point !

CLOTHALDE.   C'est une folie.

Rosaura.   Ya lo veo.   2640
Clotaldo.   Pues véncela.
Rosaura.   No podré.
Clotaldo.   Pues perderás...
Rosaura.   Ya lo sé.
Clotaldo.   ... vida y honor.
Rosaura.   Bien lo creo.
Clotaldo.   ¿Qué intentas?
Rosaura.   Mi muerte.
Clotaldo.   Mira
               que eso es despecho.
Rosaura.   Es honor.   2645
Clotaldo.   Es desatino.
Rosaura.   Es valor.
Clotaldo.   Es frenesí.
Rosaura.   Es rabia, es ira.
Clotaldo.   En fin, ¿que no se da medio
               a tu ciega pasión?
Rosaura.   No.
Clotaldo.   ¿Quién ha de ayudarte?
Rosaura.   Yo.   2650
Clotaldo.   ¿No hay remedio?
Rosaura.   No hay remedio.
Clotaldo.   Piensa bien si hay otros modos...
Rosaura.   Perderme de otra manera.

Vase.

Clotaldo.   Pues si has de perderte, espera,
               hija, y perdámonos todos.   2655

Vase.

*Tocan y salen, marchando, Soldados, Clarín y Segismundo, vestido
de pieles.*

Segismundo.   Si este día me viera
               Roma en los triunfos de su edad primera,
               ¡oh, cuánto se alegrara,
               viendo lograr una ocasión tan rara

ROSAURE. Je le vois bien.
CLOTHALDE. Eh bien, domine-la.
ROSAURE. Je ne le pourrai pas.
CLOTHALDE. Alors tu perdras...
ROSAURE. Je le sais...
CLOTHALDE. ... la vie et l'honneur.
ROSAURE. Je le crois.
CLOTHALDE. Que veux-tu donc?
ROSAURE. Ma mort.
CLOTHALDE. Ce n'est rien là que du dépit.
ROSAURE. L'honneur l'exige.
CLOTHALDE. C'est insensé.
ROSAURE. Le courage l'exige.
CLOTHALDE. C'est furieuse folie.
ROSAURE. Sainte colère, fureur sans nom!
CLOTHALDE. N'est-il donc de remède
à ta passion aveugle?
ROSAURE. Non.
CLOTHALDE. Qui t'aidera?
ROSAURE. Moi seule.
CLOTHALDE. Il n'est donc point d'autre remède?
ROSAURE. Non, il n'y en a pas.
CLOTHALDE. Examine bien s'il est d'autres moyens...
ROSAURE. Me perdre d'une autre façon.

Elle sort.

CLOTHALDE. Si tu dois te perdre, ma fille,
attends, et courons tous ensemble
à notre perte.

Il sort.

*Roulements de tambours. Entre une troupe de soldats;
Clarín et Sigismond, couvert de peaux de bêtes.*

SIGISMOND. Si Rome, aujourd'hui, me voyait
dans le triomphe de son premier âge,
oh! combien elle se réjouirait
en cette étrange circonstance:

de tener una fiera   2660
que sus grandes ejércitos rigiera,
a cuyo altivo aliento
fuera poca conquista el firmamento!
Pero el vuelo abatamos,
espíritu. No así desvanezcamos   2665
aqueste aplauso incierto,
si ha de pesarme, cuando esté despierto,
de haberlo conseguido
para haberlo perdido;
pues mientras menos fuere,   2670
menos se sentirá si se perdiere.

Dentro un clarín

Clarín.   En un veloz caballo
—perdóname, que fuerza es el pintallo
en viniéndome a cuento—,
en quien un mapa se dibuja atento,   2675
pues el cuerpo es la tierra,
el fuego el alma que en el pecho encierra,
la espuma el mar, el aire su suspiro,
en cuya confusión un caos admiro;
pues en el alma, espuma, cuerpo, aliento, 2680
monstruo es de fuego, tierra, mar y viento;
de color remendado,
rucio, y a su propósito rodado,
del que bate la espuela,
y en vez de correr vuela,   2685
a tu presencia llega
airosa una mujer.

Segismundo.   Su luz me ciega.
Clarín. ¡Vive Dios que es Rosaura!

Vase.

Segismundo. El cielo a mi presencia la restaura.

Sale Rosaura con vaquero, espada y daga.

Rosaura.   Generoso Segismundo,   2690
cuya majestad heroica

voir une bête féroce
à la tête de ses armées,
dont le courage altier
tiendrait pour peu de conquérir le ciel!
Mais, mon esprit, retiens ton vol;
ne flattons pas cette gloire incertaine,
si je dois souffrir, une fois réveillé,
de l'avoir obtenue
seulement pour la perdre;
moins elle aura été,
moins j'aurai de regrets si elle disparaît.

Sonnerie de clairon en coulisses.

CLARÍN.   Sur un coursier rapide
   — pardonne-moi, je suis bien obligé
   de le dépeindre, puisque l'occasion s'en présente —,
   sur lequel se dessine une carte précise,
   car son corps est la terre,
   le feu l'âme qu'enferme son poitrail,
   son écume la mer, l'air ses soupirs,
   et de tout cet amas le chaos m'émerveille;
   car par l'âme, l'écume, le corps, l'haleine,
   c'est un monstre de feu,
   et de terre, et de mer, et de vent;
   à robe tachetée,
   gris pommelé, aux flancs comme pomme arrondis
   tout exprès pour celui qui pique l'éperon;
   sur ce cheval qui vole
   bien plus qu'il ne galope,
   devant toi se présente une femme fringante.
SIGISMOND.   Sa clarté m'éblouit.
CLARÍN.   Corbleu! mais c'est Rosaure!

Il sort.

SIGISMOND.   C'est le ciel de nouveau
   qui la met en ma présence.

*Entre Rosaure, vêtue d'une casque, portant une épée
et une dague.*

ROSAURE.   Généreux Sigismond,
   toi dont l'héroïque majesté

sale al día de sus hechos
de la noche de sus sombras;
y como el mayor planeta
que en los brazos de la aurora   2695
se restituye luciente
a las flores y a las rosas,
y sobre mares y montes,
cuando coronado asoma,
luz esparce, rayos brilla,   2700
cumbres baña, espumas borda;
así amanezcas al mundo,
luciente sol de Polonia,
que a una mujer infelice,
que hoy a tus plantas se arroja,   2705
ampares por ser mujer
y desdichada; dos cosas
que, para obligar a un hombre
que de valiente blasona,
cualquiera de las dos basta,   2710
de las dos cualquiera sobra.
Tres veces son las que ya
me admiras, tres las que ignoras
quién soy, pues las tres me has visto
en diverso traje y forma.   2715
La primera me creíste
varón, en la rigurosa
prisión, donde fue tu vida
de mis desdichas lisonja.
La segunda me admiraste   2720
mujer, cuando fue la pompa
de tu majestad un sueño,
una fantasma, una sombra.
La tercera es hoy, que siendo
monstruo de una especie y otra,   2725
entre galas de mujer
armas de varón me adornan.
Y porque compadecido
mejor mi amparo dispongas,
es bien que de mis sucesos   2730
trágicas fortunas oigas.

sort des ténèbres de sa nuit
pour venir à la lumière de ses exploits;
toi, pareil à la grande planète,
qui dans les bras de l'Aurore
s'en revient dans tout son éclat
vers les fleurs et vers les roses,
et qui sur les monts et les mers,
quand elle apparaît couronnée,
resplendit de lumière,
brille de mille feux,
baigne les cimes, ourle l'écume;
puisses-tu de même te lever sur le monde,
ô soleil brillant de Pologne,
pour protéger une malheureuse
qui se jette aujourd'hui à tes pieds,
car elle est femme et malheureuse :
deux choses dont l'une suffit
pour obliger un homme
qui se targue d'être valeureux,
deux choses dont l'une est de trop déjà.
Voilà trois fois déjà que tu t'étonnes,
trois fois que tu ignores
qui je suis,
car les trois fois tu m'as vue
sous un habit différent,
sous une forme différente.
La première fois tu me pris pour un homme,
dans la prison rigoureuse où ta vie
fut un baume pour mes malheurs.
La seconde fois tu t'émerveillas
de me voir en femme,
alors que les splendeurs
de ta majesté n'étaient qu'un songe,
une chimère, une ombre.
La troisième fois, c'est aujourd'hui,
où, monstre composé d'une double substance,
parée comme une femme,
je suis armée comme un homme pourtant.
Pour que, saisi de compassion,
tu puisses mieux me protéger,
il te convient d'entendre de ma vie
les tragiques événements.

De noble madre nací
en la corte de Moscovia,
que, según fue desdichada,
debió de ser muy hermosa.   2735
En ésta puso los ojos
un traidor, que no le nombra
mi voz por no conocerle,
de cuyo valor me informa
el mío; pues siendo objeto   2740
de su idea, siento agora
no haber nacido gentil,
para persuadirme loca,
a que fue algún dios de aquellos
que en metamorfosis lloran   2745
— lluvia de oro, cisne y toro, —
Dánae, Leda y Europa.
Cuando pensé que alargaba,
citando aleves historias,
el discurso, hallo que en él   2750
te he dicho en razones pocas
que mi madre, persuadida
a finezas amorosas,
fue, como ninguna, bella,
y fue infeliz como todas.   2755
Aquella necia disculpa
de fe y palabra de esposa
la alcanzó tanto, que aun hoy
el pensamiento la cobra;
habiendo sido un tirano   2760
tan Eneas de su Troya,
que la dejó hasta la espada.
Enváinese aquí su hoja,
que yo la desnudaré
antes que acabe la historia.   2765
Deste, pues, mal dado nudo
que ni ata ni aprisiona,
o matrimonio o delito,
si bien todo es una cosa,
nací yo tan parecida,   2770
que fui un retrato, una copia,

C'est à la cour de Moscovie
que je naquis, de mère noble;
à en juger par ses malheurs,
elle dut être une femme très belle.
Sur elle, d'un homme perfide,
se posèrent les yeux; ignorant qui il est
je ne dis pas son nom,
mais de sa valeur la mienne m'informe,
car étant, en effet, l'objet de son idée,
je regrette à présent
de ne pas être née païenne,
pour me persuader follement
qu'il fut l'un de ces dieux
qui font pleurer, dans les Métamorphoses,
— pluie d'or, cygne et taureau —,
Danaé, Léda et Europe.
Et voici que croyant allonger mon récit,
en citant ces histoires de trahison,
je m'aperçois que je t'ai dit,
en quelques mots,
comment ma mère, séduite
par d'amoureux propos,
fut comme nulle autre, belle,
et, comme toutes, malheureuse.
Le sot prétexte d'une promesse
de mariage, sur elle eut tant d'effet
qu'aujourd'hui encore il hante son esprit;
un tyran en effet,
un autre Enée si infidèle à Troie,
lui laissa son épée.
Pour l'instant laissons-la au fourreau.
Mais moi je saurai la dégainer
avant la fin de cette histoire.
Donc de ce nœud malencontreux,
qui ne lie point, qui n'emprisonne point,
mariage ou bien crime,
cela revient au même,
je naquis, si semblable à ma mère,
que je fus le portrait, la copie

ya que en la hermosura no,
en la dicha y en las obras;
y así no habré menester
decir que, poco dichosa   2775
heredera de fortunas,
corrí con ella una propia.
Lo más que podré decirte
de mí es el dueño que roba
los trofeos de mi honor,   2780
los despojos de mi honra.
Astolfo... ¡Ay de mí!, al nombrarle
se encoleriza y se enoja
el corazón, propio efeto
de que enemigo se nombra.   2785
Astolfo fue el dueño ingrato,
que olvidado de las glorias
—porque en un pasado amor
se olvida hasta la memoria—,
vino a Polonia, llamado   2790
de su conquista famosa,
a casarse con Estrella,
que fue de mi ocaso antorcha.
¿Quién creerá que, habiendo sido
una estrella quien conforma   2795
dos amantes, sea una Estrella
la que los divida agora?
Yo ofendida, yo burlada,
quedé triste, quedé loca,
quedé muerta, quedé yo,   2800
que es decir que quedó toda
la confusión del infierno
cifrada en mi Babilonia;
y declarándome muda,
porque hay penas y congojas   2805
que las dicen los afectos
mucho mejor que la boca
dije mis penas callando,
hasta que una vez a solas
Violante, mi madre, ¡ay cielos!,   2810
rompió la prisión, y en tropa

sinon de sa beauté,
de son sort et de sa conduite.
Aussi n'est-il pas nécessaire
que je te dise comment, malheureuse
héritière de son infortune,
je connus le même destin qu'elle.
Tout ce que de moi je pourrai te dire
est le nom de l'amant qui ravit
les dépouilles de mon honneur.
Astolphe... hélas! en le nommant,
mon cœur de colère et de chagrin s'emplit,
car c'est bien en effet son ennemi qu'il nomme.
Astolphe fut l'amant ingrat
qui, oublieux de son bonheur
— car d'un amour passé
on oublie jusqu'au souvenir —,
s'en vint en Pologne, appelé
par sa conquête glorieuse,
pour épouser Etoile,
qui de ma nuit fut le flambeau.
Une étoile, dit-on, réunit les amants;
qui donc peut croire, alors, que ce soit une Etoile
qui les sépare maintenant?
Outragée, abusée,
je n'étais qu'affliction, délire,
je n'étais qu'une morte, je n'étais plus que moi.
Autant dire que toute la confusion
de l'enfer, en cette Babylone
que j'étais devenue,
se trouva résumée.
Manifestant alors en silence mon cœur,
car il est des peines et des tourments
que celui-ci dit mieux
que ne saurait la bouche,
je déclarai sans paroles mes peines,
quand, enfin, étant seule avec elle,
Violante, ma mère, ô ciel!
en brisa la prison et toutes à la fois

del pecho salieron juntas,
tropezando unas con otras.
No me embaracé en decirlas;
que en sabiendo una persona   2815
que a quien sus flaquezas cuenta
ha sido cómplice en otras,
parece que ya le hace
la salva y le desahoga;
que a veces el mal ejemplo   2820
sirve de algo. En fin, piadosa
oyó mis quejas, y quiso
consolarme con las propias.
Juez que ha sido delincuente
¡qué fácilmente perdona!   2825
Y escarmentando en sí misma,
y por negar a la ociosa
libertad, al tiempo fácil,
el remedio de su honra,
no le tuvo en mis desdichas.   2830
Por mejor consejo toma
que le siga y que le obligue,
con finezas prodigiosas,
a la deuda de mi honor;
y para que a menos costa   2835
fuese, quiso mi fortuna
que en traje de hombre me ponga.
Descolgó una antigua espada
que es ésta que ciño. Agora
es tiempo que se desnude,   2840
como prometí, la hoja,
pues confiada en sus señas
me dijo : « Parte a Polonia,
y procura que te vean
ese acero que te adorna   2845
los más nobles; que en alguno
podrá ser que hallen piadosa
acogida tus fortunas,
y consuelo tus congojas. »
Llegué a Polonia, en efeto.   2850
Pasemos, pues que no importa

de mon sein elles jaillirent toutes,
en se bousculant les unes les autres.
Je n'eus point d'embarras pour les lui raconter;
quand on sait en effet
que la personne à qui on avoue ses faiblesses,
d'autres faiblesses fut complice,
on dirait qu'elle en prend à l'avance sa part
et vous en soulage d'autant.
Parfois en effet le mauvais exemple
sert à quelque chose. Bref avec compassion
elle écouta mes plaintes et voulut
me consoler en me disant les siennes;
un juge qui fut délinquant,
comme il pardonne facilement!
Et prenant ainsi exemple d'elle-même,
n'ayant dans son oisive liberté
ni dans le temps opportun su trouver
un remède à son déshonneur,
elle n'en trouva pas non plus pour mes malheurs;
le meilleur parti, selon elle,
était de le suivre et de le contraindre
par toutes les ruses possibles
à payer la dette de mon honneur;
pour qu'il m'en coûtât moins,
ma fortune voulut
que je m'habille en homme.
Elle décrocha donc une ancienne épée,
celle que je porte à présent au côté.
Il est temps maintenant, comme je l'ai promis,
d'en dévoiler la lame;
se fiant en effet aux signes qu'elle porte :
« Va en Pologne, me dit-elle, et tâche
que les plus grands gentilshommes
voient sur toi le glaive dont tu te pares;
il se pourrait qu'auprès de l'un d'entre eux,
ton infortune trouve
un accueil compatissant,
et tes malheurs une consolation. »
J'arrivai donc en Pologne en effet;
mais passons sur cela; il n'importe guère

el decirlo, y ya se sabe
que un bruto que se desboca
me llevó a tu cueva, adonde
tú de mirarme te asombras.   2855
Pasemos que allí Clotaldo
de mi parte se apasiona,
que pide mi vida al Rey,
que el Rey mi vida le otorga,
que, informado de quién soy,   2860
me persuade a que me ponga
mi propio traje, y que sirva
a Estrella, donde ingeniosa
estorbé el amor de Astolfo
y el ser Estrella su esposa.   2865
Pasemos que aquí me viste
otra vez confuso, y otra
con el traje de mujer
confundiste entrambas formas;
y vamos a que Clotaldo,   2870
persuadido a que le importa
que se casen y que reinen
Astolfo y Estrella hermosa,
contra mi honor me aconseja
que la pretensión deponga.   2875
Yo, viendo que tú, ¡oh valiente
Segismundo! a quien hoy toca
la venganza, pues el cielo
quiere que la cárcel rompas
desa rústica prisión,   2880
donde ha sido tu persona
al sentimiento una fiera,
al sufrimiento una roca,
las armas contra tu patria
y contra tu padre tomas,   2885
vengo a ayudarte, mezclando
entre las galas costosas
de Diana los arneses
de Palas, vistiendo agora
ya la tela y ya el acero,   2890
que entrambos juntos me adornan.

de le redire et l'on sait bien
comment un cheval emballé
jusqu'à ta grotte me porta,
où de me voir, toi, tu t'émerveillas.
Et là (n'insistons pas), Clothalde
avec passion prend mon parti,
demande au Roi ma vie
et le Roi lui accorde ma vie ;
ayant appris en effet qui je suis,
Clothalde me conseille de revêtir
mes vrais habits et d'entrer au service
d'Etoile, où j'ai su m'ingénier
à faire obstacle à l'amour d'Astolphe,
à empêcher qu'Etoile devienne son épouse.
C'est là que tu me vis (laissons cela encore),
à nouveau plein de confusion,
et derechef mes habits féminins t'empêchèrent
de me reconnaître sous mes deux apparences.
Permets-moi de te dire encore que Clothalde
persuadé qu'il lui importe
qu'Astolphe et la belle Etoile
se marient et soient couronnés,
à l'encontre de mon honneur me conseilla
de renoncer à ma prétention.
Mais moi, voyant que toi, ô vaillant Sigismond !
à qui aujourd'hui revient la vengeance,
car le ciel veut que tu brises la geôle
de cette rustique prison,
où ta personne était
un fauve par les sentiments,
par la souffrance un rocher,
voyant que toi, tu prends les armes
contre ta patrie et contre ton père,
je viens t'aider, mêlant
aux coûteuses parures
de Diane, le harnois
de Pallas, vêtue à la fois
d'étoffe et d'acier,
qui tout ensemble
m'offrent leur ornement.

Ea, pues, fuerte caudillo,
a los dos juntos importa
impedir y deshacer
estas concertadas bodas;   2895
a mí porque no se case
el que mi esposo se nombra,
y a ti porque, estando juntos
sus dos estados, no pongan
con más poder y más fuerza   2900
en duda nuestra victoria.
Mujer vengo a persuadirte
al remedio de mi honra,
y varón vengo a alentarte
a que cobres tu corona.   2905
Mujer vengo a enternecerte
cuando a tus plantas me ponga,
y varón vengo a servirte
cuando a tus gentes socorra.
Mujer vengo a que me valgas   2910
en mi agravio y mi congoja,
y varón vengo a valerte
con mi acero y mi persona.
Y así piensa que si hoy
como a mujer me enamoras,   2915
como varón te daré
la muerte en defensa honrosa
de mi honor; porque he de ser,
en su conquista amorosa,
mujer para darte quejas,   2920
varón para ganar honras,
Segismundo. (aparte) (Cielos, si es verdad que sueño,
suspendedme la memoria,
que no es posible que quepan
en un sueño tantas cosas.   2925
¡Válgame Dios! ¡Quién supiera,
o saber salir de todas,
o no pensar en ninguna!
¿Quién vio penas tan dudosas?
Si soñé aquella grandeza   2930
en que me vi, ¿cómo agora

Allons, courage, vaillant capitaine,
il nous importe à tous les deux
d'empêcher et de briser
ce mariage concerté :
à moi pour que celui que je dis mon époux
n'en épouse pas une autre,
et à toi, pour que leurs deux états
étant réunis,
par un pouvoir et une force accrus,
ils ne rendent pas notre victoire douteuse.
En femme, je viens te demander
de réparer mon honneur outragé;
et je viens, en homme, t'encourager
à reprendre ta couronne.
En femme, je viens t'émouvoir,
en me jetant à tes pieds,
et je viens, en homme, me mettre à ton service
en allant rejoindre tes partisans.
En femme, je viens chercher ton secours
à mon outrage, à mes angoisses,
et je viens, en homme, te porter secours
avec mon glaive et ma personne.
Pense donc que si aujourd'hui
comme à une femme tu me fais la cour,
comme homme je te donnerai
la mort pour la juste défense
de mon honneur; car je décide d'être,
en cette conquête d'amour,
femme pour te dire mes plaintes,
homme pour gagner l'honneur.

SIGIMOND. (*à part*) (O cieux, s'il est vrai que je songe,
tenez ma mémoire en suspens;
en un seul songe tant de choses
ne peuvent en effet tenir.
Dieu me protège! Que ne puis-je
savoir comment les résoudre,
ou bien comment n'y plus penser!
Qui vit jamais peines plus incertaines?

esta mujer me refiere
unas señas tan notorias?
Luego fue verdad, no sueño;
y si fue verdad —que es otra   293
confusión y no menor—,
¿cómo mi vida le nombra
sueño? Pues ¿tan parecidas
a los sueños son las glorias,
que las verdaderas son   2940
tenidas por mentirosas
y las fingidas por ciertas?
¿Tan poco hay de unas a otras,
que hay cuestión sobre saber
si lo que se ve y se goza   294
es mentira o es verdad?
¿Tan semejante es la copia
al original, que hay duda
en saber si es ella propia?
Pues si es así, y ha de verse   295
desvanecida entre sombras
la grandeza y el poder,
la majestad y la pompa,
sepamos aprovechar
este rato que nos toca,   295
pues sólo se goza en ella
lo que entre sueños se goza.
Rosaura está en mi poder;
su hermosura el alma adora.
Gocemos, pues, la ocasión;   296
el amor las leyes rompa
del valor y confianza
con que a mis plantas se postra.
Esto es sueño; y pues lo es,
soñemos dichas agora,   296
que después serán pesares.
Mas con mis razones propias
vuelvo a convencerme a mí.
Si es sueño, si es vanagloria,
¿quién por vanagloria humana   297
pierde una divina gloria?

Si j'ai rêvé la magnificence
où je me suis vu, comment se fait-il
que cette femme m'en rapporte
de si notoires témoignages?
C'était donc vrai, ce ne fut point un songe.
Et si c'était vrai — ce qui d'ailleurs n'en est
pas moins troublant, —
comment peut-il se faire
que j'y voie un songe? Les éclats de ce monde
sont-ils au rêve si semblables.
que les véritables passent pour illusoires,
et les faux pour véritables?
Sont-ils si peu différents
qu'il fasse question de savoir
si ce que l'on voit, ce dont on jouit,
est mensonge ou bien vérité!
La copie à l'original
est-elle si semblable que
son authenticité puisse être mise en doute?
S'il en est bien ainsi et si nous devons voir
évanouies parmi les ombres
grandeur et puissance,
pompe et majesté,
sachons mettre à profit
l'instant qui nous est imparti,
car la gloire en effet n'offre d'autre jouissance
que celle dont on jouit en songe.
Rosaure est en mon pouvoir;
mon âme adore sa beauté;
jouissons de cette occasion;
que l'amour enfreigne les lois
de la noblesse et de la confiance
qui l'ont fait se jeter à mes pieds.
Ceci est un songe, et par conséquent
songeons le bonheur à présent
qui deviendra malheur plus tard.
Mais voici que mes propres paroles
de nouveau me convainquent moi-même!
Si ce n'est là qu'un songe et qu'une vaine gloire,
qui donc pour vaine gloire humaine
acceptera de perdre une gloire divine?

¿Qué pasado bien no es sueño?
¿Quién tuvo dichas heroicas
que entre sí no diga, cuando
las revuelve en su memoria :   2975
« sin duda que fue soñado
cuanto vi »? Pues si esto toca
mi desengaño, si sé
que es el gusto llama hermosa
que le convierte en cenizas   2980
cualquier viento que sopla,
acudamos a lo eterno;
que es la fama vividora,
donde ni duermen la dichas,
ni las grandezas reposan.   2985
Rosaura está sin honor;
más a un príncipe le toca
el dar honor que quitarle.
¡Vive Dios! que de su honra
he de ser conquistador   2990
antes que de mi corona.
Huyamos de la ocasión,
que es muy fuerte.) —Al arma toca,
que hoy he de dar la batalla,
antes que a las negras sombras   2995
sepulten los rayos de oro
entre verdinegras ondas.

Rosaura.   Señor, ¿pues así te ausentas?
¿Pues ni una palabra sola
no te debe mi cuidado   3000
ni merece mi congoja?
¿Cómo es posible, señor,
que ni me mires ni oigas?
¿Aún no me vuelves el rostro?

Segismundo.   Rosaura, al honor le importa,   3005
por ser piadoso contigo,
ser cruel contigo agora.
No te responde mi voz,
porque mi honor te responda;
no te hablo, porque quiero   3010

Quel bonheur passé n'est point un songe?
Qui n'a jamais connu d'éminentes joies
qui ne dise en soi-même, quand
il les ravive en sa mémoire,
tout cela que j'ai vu ne fut assurément
qu'un songe? Si de tout cela
je me désabuse, puisque je sais
que tout plaisir n'est que flamme brillante
que convertit en cendres
le premier vent qui souffle,
tournons-nous vers l'éternité
la seule gloire durable,
où le bonheur ne sommeille jamais,
où les grandeurs n'ont jamais de repos.
Rosaure a perdu son honneur;
or il revient au Prince
de donner l'honneur et non de l'enlever,
Vive Dieu! de sa réputation
je ferai la conquête,
avant que de faire celle de ma couronne.
Fuyons cette occasion, trop dangereuse.
Faites sonner aux armes!
Dès aujourd'hui je livrerai bataille
avant que les ombres obscures
ensevelissent les rayons d'or
parmi les ondes vertes et noires.

ROSAURE.   Est-ce de la sorte que tu t'en vas, Seigneur?
    Mon souci n'obtient-il de toi,
    mon angoisse ne mérite-t-elle
    pas un seul mot?
    Comment, Seigneur, peut-il se faire
    que tu refuses ainsi
    de me regarder, de m'entendre?
    Ne tourneras-tu pas ton visage vers moi?
SIGIMOND.   Rosaure, il importe à l'honneur,
    pour envers toi être compatissant,
    qu'envers toi maintenant je me montre cruel.
    Si ma voix ne te répond rien,
    c'est pour que mon honneur te donne la réponse;
    si je ne te dis rien, c'est que je veux

que te hablen por mí mis obras;
ni te miro, porque es fuerza,
en pena tan rigurosa,
que no mire tu hermosura
quien ha de mirar tu honra.

Vanse.

Rosaura.   ¿Qué enigmas, cielos, son éstas?
Después de tanto pesar,
¡aún me queda que dudar
con equívocas respuestas!

Sale Clarín.

Clarín.   Señora, ¿es hora de verte?   3020
Rosaura. ¡Ay, Clarín! ¿Dónde has estado?
Clarín. En una torre encerrado,
brujuleando mi muerte,
    si me da, o no me da;
y a figura que me diera,   3025
pasante quínola fuera
mi vida; que estuve ya
    para dar un estallido.
Rosaura. ¿Por qué?
Clarín.   Porque sé el secreto
de quién eres, y en efeto,   3030

Dentro cajas.

Clotaldo... Pero ¿qué ruido
    es éste?
Rosaura.   ¿Qué puede ser?
Clarín. Que del palacio sitiado
sale un escuadrón armado
a resistir y vencer   3035
    el del fiero Segismundo.
Rosaura. Pues ¿cómo cobarde estoy
y ya a su lado no soy
un escándalo del mundo,
    cuando y tanta crueldad   3040
cierra sin orden ni ley?

que mes actes parlent à ma place;
si tu n'obtiens pas un regard, c'est qu'il convient
qu'en ce malheur cruel,
celui qui doit veiller sur ton honneur
n'égare point ses yeux sur ta beauté.

Il sort avec sa garde.

ROSAURE.   O ciel! quelles sont ces énigmes!
Après tant de douleurs,
faut-il encor que des réponses équivoques
me plongent dans le désarroi!

Entre Clarín.

CALRÍN.   Madame, est-ce l'heure de te voir?
ROSAURE.   Ah! Clarín, où donc étais-tu?
CLARÍN.   Enfermé dans une tour,
jouant aux cartes avec la mort,
épiant la donne ou la maldonne!
Selon les atouts de mon jeu
ma vie pouvait être l'enjeu!
J'ai failli en crever.

ROSAURE.   Et pour quelle raison?
CLARÍN.   Pour la raison que je sais le secret
de ton identité, et en effet,

Bruits de tambours.

Clothalde... Mais quel est ce bruit?

ROSAURE.   Qu'est-ce que cela peut être?
CLARÍN.   Du palais assiégé
il sort toute une troupe armée,
pour combattre et pour vaincre
celle du cruel Sigismond.
ROSAURE.   Eh bien! comment suis-je si lâche,
comment déjà ne suis-je à ses côtés
pour étonner le monde,
alors que tant de cruauté
se déchaîne sans foi ni loi?

Vase.

Dentro unos. ¡Viva nuestro invicto Rey!
Dentro otros. ¡Viva nuestra libertad!
Clarín.   ¡La libertad y el Rey vivan!
　　　Vivan muy enhorabuena,   3045
　　　que a mí nada me da pena,
　　　como en cuenta me reciban;
　　　　que yo, apartado este día
　　　en tan grande confusión,
　　　haga el papel de Nerón   3050
　　　que de nada se dolía.
　　　　Si bien me quiero doler
　　　de algo, ha de ser de mí;
　　　escondido, desde aquí
　　　toda la fiesta he de ver.   3055
　　　　El sitio es oculto y fuerte
　　　entre estas peñas. Pues ya
　　　la muerte no me hallará,
　　　dos higas para la muerte.

Escóndese. Suena ruido de armas. Salen el Rey, Clotaldo y
Astolfo, huyendo.

Basilio.   ¿Hay más infelice rey?   3060
　　　¿Hay padre más perseguido?
Clotaldo. Ya tu ejército vencido
　　　baja sin tino ni ley.
Astolfo. Los traidores vencedores
　　　quedan.
Basilio.   En batallas tales   3065
　　　los que vencen son leales,
　　　los vencidos los traidores.
　　　　Huyamos, Clotaldo, pues,
　　　del crüel, del inhumano
　　　rigor de un hijo tirano.   3070

Disparan dentro y cae Clarín, herido, de donde está.

Clarín.   ¡Válgame el cielo!
Astolfo.   ¿Quién es

Elle sort.

DES VOIX EN COULISSES.   Vive notre Roi invaincu!
D'AUTRES VOIX EN COULISSES.   Vive notre liberté!
CLARÍN.   Vive la liberté! Vive le Roi!
  Qu'ils vivent donc à la bonne heure!
  Pour moi rien ne me met en peine,
  pourvu que l'on ne m'oublie pas!
  car moi, à l'écart, en ce jour,
  dans ce désordre qu'il y a,
  je veux jouer le rôle de Néron,
  que rien ne pouvait émouvoir!
  Pourtant j'aimerais bien m'apitoyer,
  de quelque chose, et c'est de moi!
  A l'abri dans cette cachette,
  je pourrai voir toute la fête!
  L'endroit est sûr et bien dissimulé
  au milieu de tous ces rochers.
  Ici la mort ne me trouvera pas,
  et je lui fais deux fois la nique!

Il se cache; sonnerie aux armes.
Entrent le Roi, Clothalde et Astolphe,
fuyant devant l'ennemi.

BASYLE.   Est-il un Roi plus malheureux!
  Est-il un père plus persécuté!
CLOTHALDE.   Voici que ton armée en déroute reflue,
  dans le plus grand désordre.
ASTOLPHE.   Les traîtres sont vainqueurs.
BASYLE.   En de telles batailles,
  les fidèles sont les vainqueurs,
  et les traîtres sont les vaincus.
  Fuyons, Clothalde, fuyons
  loin de l'inhumaine et impitoyable
  cruauté d'un fils tyrannique.

Fusillade en coulisse.
Clarín s'écroule, blessé, sur place.

CLARÍN. Le ciel me vienne en aide!
ASTOLPHE.   Quel est ce malheureux soldat

         este infelice soldado
         que a nuestros pies ha caído
         en sangre todo teñido?
Clarín. Soy un hombre desdichado,   3075
         que por quererme guardar
         de la muerte, la busqué.
         Huyendo de ella, topé
         con ella, pues no hay lugar
         para la muerte secreto.   3080
         De donde claro se arguye
         que quien más su efeto huye
         es quien se llega a su efeto.
            Por eso tornad, tornad
         a la lid sangrienta luego;   3085
         que entre las armas y el fuego
         hay mayor seguridad
            que en el monte más guardado;
         que no hay seguro camino
         a la fuerza del destino   3090
         y a la inclemencia del hado.
            Y así, aunque a libraros vais
         de la muerte con hüir,
         mirad que vais a morir,
         si está de Dios que muráis.   3095

                    Cae dentro.

Basilio.   Mirad que vais a morir,
         si está de Dios que muráis.
            ¡Qué bien, ay cielos, persuade
         nuestro error, nuestra ignorancia,
         a mayor conocimiento   3100
         este cadáver que habla
         por la boca de una herida,
         siendo el humor que desata
         sangrienta lengua que enseña
         que son diligencias vanas   3105
         del hombre cuantas dispone
         contra mayor fuerza y causa!
         Pues yo por librar de muertes

qui vient de tomber à nos pieds,
tout recouvert de sang?

CLARÍN.   Je suis un homme infortuné,
  qui voulant se garder
  de la mort, l'a cherchée!
  En la fuyant, je l'ai trouvée
  car il n'est pour la mort
  aucun endroit secret;
  d'où l'on peut déduire, en toute évidence,
  cette proposition : tel qui le plus fuit son effet,
  est celui qui le plus en subit l'effet.
  Retournez donc, retournez donc
  tout de suite au combat sanglant,
  car parmi les armes et les coups de feu
  on est plus en sécurité
  que sur la montagne la plus protégée;
  nul chemin en effet n'est assez assuré
  contre la rigueur du destin
  et l'inclémence de la fortune;
  ainsi vous aurez beau vouloir
  éviter la mort en fuyant,
  sachez que vous allez mourir,
  si Dieu a décidé
  que vous deviez mourir!

Il tombe en coulisse.

BASYLE.   Sachez que vous allez mourir,
  si Dieu a décidé
  que vous devez mourir!
  Oh! ciel, comme il incite bien
  notre erreur, notre ignorance
  à plus de connaissance,
  ce cadavre qui par la bouche
  d'une blessure parle, — l'humeur qui s'en écoule
  est langue de sang enseignant
  que toutes celles que l'homme entreprend
  ne sont que diligences vaines
  contre quelque pouvoir plus grand!
  Ainsi moi-même,

y sediciones mi patria,
vine a entregarla a los mismos   3110
de quien pretendí librarla.

Clotaldo. Aunque el hado, señor, sabe
todos los caminos, y halla
a quien busca entre lo espeso
de las peñas, no es cristiana   3115
determinación decir
que no hay reparo a su saña.
Sí hay, que el prudente varón
victoria del hado alcanza;
y si no estás reservado   3120
de la pena y la desgracia,
haz por donde te reserves.

Astolfo. Clotaldo, señor, te habla
como prudente varón
que madura edad alcanza;   3125
yo, como joven valiente.
Entre las espesas ramas
dese monte está un caballo,
veloz aborto del aura;
huye en él, que yo entre tanto   3130
te guardaré las espaldas.

Basilio. Si está de Dios que yo muera,
o si la muerte me aguarda
aquí hoy, la quiero buscar,
esperando cara a cara.   3135

Tocan al arma y sale Segismundo y toda la compañía.

Segismundo. En lo intrincado del monte,
entre sus espesas ramas,
el Rey se esconde. ¡Seguidle!
No quede en sus cumbres planta
que no examine el cuidado,   3140
tronco a tronco, rama a rama.

Clotaldo. ¡Huye, señor!
Basilio.   ¿ Para qué?
Astolfo. ¿Qué intentas?
Basilio.   Astolfo, aparta.
Clotaldo. ¿Qué intentas?

afin d'arracher ma patrie
aux meurtres et aux séditions,
l'ai-je livrée à ceux-là mêmes
dont je voulais la délivrer.

CLOTHALDE. Le destin, Sire, peut bien connaître
tous les chemins, et il a beau trouver
celui qu'il cherche au plus épais
des rochers, il n'est point chrétien d'affirmer
que contre sa fureur il n'est pas de défense.
Il en est une; le sage, en effet,
du destin sait se rendre maître;
et si tu n'es pas à l'abri
de la douleur et du malheur
fais en sorte de t'en préserver.

ASTOLPHE. Sire, Clothalde te parle
en homme sage et d'âge vénérable;
moi, Sire, en homme jeune et valeureux.
Au milieu des fourrés épais
de ce mont, il y a un cheval,
enfant léger du zéphyr;
fuis au galop et moi cependant
je protégerai ta retraite.

BASYLE. Que Dieu ait décidé ma mort,
ou bien qu'ici la mort m'attende,
aujourd'hui je veux aller au-devant d'elle,
et l'attendre face à face.

Appel aux armes. Entre Sigismond, suivi de ses soldats.

SIGISMOND. Dans l'épaisseur de la forêt le roi se cache,
au milieu de ses branches touffues. Poursuivez-le!
Qu'il n'y ait sur le sommet du mont
aucune plante que n'examine
votre regard soigneusement,
aucun tronc d'arbre, aucune branche.

CLOTHALDE. Prends la fuite, Seigneur!

BASYLE. A quoi bon?

ASTOLPHE. Que veux-tu faire?

BASYLE. Astolphe, écarte-toi.

CLOTHALDE. Que désires-tu?

Basilio.   Hacer, Clotaldo,
          un remedio que me falta.   3145
          Si a mí buscándome vas,
          ya estoy, príncipe, a tus plantas;
          sea dellas blanca alfombra
          esta nieve de mis canas.
          Pisa mi cerviz, y huella   3150
          mi corona; postra, arrastra
          mi decoro y mi respeto;
          toma de mi honor venganza;
          sírvete de mí cautivo;
          y tras prevenciones tantas,   3155
          cumpla el hado su homenaje,
          cumpla el cielo su palabra.
Segismundo. Corte ilustre de Polonia,
          que de admiraciones tantas
          sois testigos, atended,   3160
          que vuestro príncipe os habla.
          Lo que está determinado
          del cielo, y en azul tabla
          Dios con el dedo escribió,
          de quien son cifras y estampas   3165
          tantos papeles azules
          que adornan letras doradas;
          nunca mienten, nunca engañan,
          porque quien miente y engaña
          es quien, para usar mal dellas,   3170
          las penetra y las alcanza.
          Mi padre, que está presente,
          por excusarse a la saña
          de mi condición, me hizo
          un bruto, una fiera humana;   3175
          de suerte que, cuando yo
          por mi nobleza gallarda,
          por mi sangre generosa,
          por mi condición bizarra,
          hubiera nacido dócil   3180
          y humilde, sólo bastara
          tal género de vivir,
          tal linaje de crïanza,

BASYLE.   Trouver, Clothalde, le dernier remède
qu'il me faut. Prince, si c'est moi
que tu cherches, me voici à tes pieds;
que la neige de mes cheveux
forme pour eux un tapis blanc.
Ecrase ma nuque; foule ma couronne;
que ma dignité ne t'inspire
plus aucun respect, nul égard;
venge-toi sur mon honneur;
fais de moi ton esclave,
et, après tant de vaines précautions,
que le ciel ainsi tienne sa parole
et qu'ainsi le destin tienne son serment.

SIGISMOND.   Ô Cour illustre de Pologne,
ô vous qui de tant de choses stupéfiantes
êtes témoins, écoutez-moi,
c'est votre Prince qui vous parle.
Ce qui dans le ciel est déterminé,
ce que sur les tables d'azur
Dieu a écrit avec son doigt,
dont tous ces feuillets d'azur
ornés de lettres dorées
offrent l'énigme abrégée;
tous ces signes jamais
ne trompent, jamais ne mentent;
celui qui ment en effet et qui trompe
est celui qui pour en mesuser
les déchiffre et cherche à les comprendre.
Mon père, que voici présent devant moi
pour éviter la fureur
de ma nature, fit de moi une bête
sauvage, un animal humain,
de sorte que, lors même
que par ma noblesse valeureuse,
par mon sang généreux,
et par mon naturel impétueux,
je fusse né docile et humble,
ce genre d'existence,
cette façon de m'éduquer
eussent suffi à rendre

a hacer fieras mis costumbres.
¡Qué buen modo de estorbarlas!   3185
Si a cualquier hombre dijesen :
Alguna fiera inhumana
te dará muerte », ¿escogiera
buen remedio en despertallas
cuando estuviesen durmiendo?   3190
Si dijeran : « Esta espada
que traes ceñida, ha de ser
quien te dé la muerte », vana
diligencia de evitarlo
fuera entonces desnudarla   3195
y ponérsela a los pechos.
Si dijesen : « Golfos de agua
han de ser tu sepultura
en monumentos de plata »,
mal hiciera en darse al mar,   3200
cuando soberbio levanta
rizados montes de nieve,
de cristal crespas montañas.
Lo mismo le ha sucedido
como a quien, porque le amenaza   3205
una fiera, la despierta;
que a quien, temiendo una espada,
la desnuda; y que a quien mueve
las ondas de una borrasca.
Y cuando fuera —escuchadme—   3210
dormida fiera mi saña,
templada espada mi furia,
mi rigor quieta bonanza,
la fortuna no se vence
con injusticia y venganza,   3215
porque antes se incita más.
Y así, quien vencer aguarda
a su fortuna, ha de ser
con prudencia y con templanza.
No antes de venir el daño   3220
se reserva ni se guarda
quien le previene; que aunque
puede humilde —cosa es clara—

sauvages mes mœurs ;
la belle manière de conjurer le destin !
Si l'on déclarait à un homme :
« Quelque bête inhumaine te donnera la mort »
penserait-on qu'il agirait bien
en voulant éveiller les instincts qui dorment ?
Si on lui disait : « Cette épée
que tu portes au côté,
de ta mort sera l'instrument »,
vaine précaution afin d'y échapper
serait alors qu'il la dégaine
pour l'appuyer contre son cœur.
Si on lui disait : « De vastes gouffres
d'eau seront ta sépulture
sous des tombeaux d'argent »
il aurait tort de s'embarquer
sur la mer, quand superbement
elle dresse ses monts tout écumants de neige,
ses montagnes ourlées de cristal.
Mon père a donc agi comme celui
qui, parce qu'il y voit une menace,
réveille une bête sauvage ;
comme celui qui craignant une épée
la dégaine ; comme celui qui fend
les flots de la tempête.
Et ma violence, sachez-le,
eût-elle été un fauve endormi,
ma fureur une épée au repos,
ma cruauté une calme bonace,
on ne peut vaincre le destin
par l'injustice et la vengeance ;
tout au contraire, on ne l'excite
ainsi que davantage.
Aussi bien, qui espère vaincre
son destin doit le faire
avec sagesse et mesure.
Ce n'est pas avant que le malheur survienne
que celui-là qui le prévoit,
s'en préserve et s'en garde ;
quoiqu'il puisse humblement
— c'est évident — s'en préserver

reservarse de él, no es
sino después que se halla   3225
en la ocasión, porque aquesta
no hay camino de estorbarla.
Sirva de ejemplo este raro
espectáculo, esta extraña
admiración este horror,   3230
este prodigio; pues nada
es más que llegar a ver,
con prevenciones tan varias,
rendido a mis pies a un padre,
y atropellado a un monarca.   3235
Sentencia del cielo fue;
por más que quiso estorbarla
él, no pudo. ¿Y podré yo
que soy menor en las canas,
en el valor y en la ciencia   3240
vencerla? —Señor, levanta,
dame tu mano; que ya
que el cielo te desengaña
de que has errado en el modo
de vencerle, humilde aguarda   3245
mi cuello a que tú te vengues;
rendido estoy a tus plantas.

Basilio.   Hijo, que tan noble acción
otra vez en mis entrañas
te engendra, príncipe eres.   3250
A ti el laurel y la palma
se te deben. Tú venciste;
corónente tus hazañas.

Todos.   ¡Viva Segismundo, viva!

Segismundo.   Pues que ya vencer aguarda   3255
mi valor grandes victorias,
hoy ha de ser la más alta
vencerme a mí. —Astolfo dé
la mano luego a Rosaura,
pues sabe que de su honor   3260
es deuda y yo he de cobrarla.

ce n'est qu'une fois qu'il se trouve au milieu du danger
qu'il pourra s'en défendre,
car il n'est plus alors moyen de l'éviter.
Que ce rare spectacle, que cette étrange
situation, cette vision d'horreur,
ce prodige vous servent d'exemple;
car il n'est rien de plus étonnant que de voir,
malgré tant et tant de précautions,
mon père à mes pieds prosterné,
et un monarque détrôné.
Telle fut la sentence du ciel;
il eut beau vouloir l'éviter,
il ne le put; et moi
par les années plus jeune,
moi dont la science et la valeur sont moindres,
comment pourrai-je la vaincre?
— Seigneur, relève-toi; et donne-moi la main,
puisque le ciel te désabuse
de l'erreur que tu commis
quand tu voulus t'opposer à lui;
voici ma tête; humblement elle attend
ta vengeance; à tes pieds me voici prosterné.

BASYLE.   Mon fils, une si noble façon d'agir
en mes entrailles de nouveau
t'engendre : tu es le Prince.
C'est à toi que sont dus la palme et les lauriers;
c'est toi qui es vainqueur;
et tes exploits sont ta couronne.

TOUTE L'ASSISTANCE.   Vive Sigismond! Vivat!

SIGISMOND.   Puisque désormais ma valeur s'apprête
à de grandes victoires,
la plus haute victoire aujourd'hui sera
de me vaincre moi-même.
Qu'Astolphe sur-le-champ
donne la main à Rosaure,
il sait bien qu'il le doit
à son honneur,
et que je ferai en sorte qu'il paie sa dette.

Astolfo. Aunque es verdad que la debo
          obligaciones, repara
          que ella no sabe quién es;
          y es bajeza y es infamia   3265
          casarme yo con mujer...
Clotaldo. No prosigas, tente, aguarda;
          porque Rosaura es tan noble
          como tú, Astolfo, y mi espada
          lo defenderá en el campo;   3270
          que es mi hija, y esto basta.
Astolfo. ¿Qué dices?
Clotaldo.   Que yo hasta verla
          casada, noble y honrada,
          no la quise descubrir.
          La historia desto es muy larga;   3275
          pero, en fin, es hija mía.
Astolfo. Pues, siendo así, mi palabra
          cumpliré.
Segismundo.   Pues, porque Estrella
          no quede desconsolada,
          viendo que príncipe pierde   3280
          de tanto valor y fama,
          de mi propia mano yo
          con esposo he de casarla
          que en méritos y fortuna,
          si no le excede, le iguala.   3285
          Dame la mano.
Estrella.   Yo gano
          en merecer dicha tanta.
Segismundo. A Clotaldo, que leal
          sirvió a mi padre, le aguardan
          mis brazos, con las mercedes   3290
          que él pidiere que le haga.
Soldado 1º. Si así a quien no te ha servido
          honras, ¿a mí, que fui causa
          del alboroto del reino,
          y de la torre en que estabas   3295
          te saqué, qué me darás?

ASTOLPHE.   S'il est vrai que je lui dois réparation,
    je te fais observer
    qu'elle ne sait pas qui elle est;
    et ce serait pour moi vile infamie
    d'épouser une femme...
CLOTHALDE.   N'ajoute rien; attends;
    Rosaure est en effet aussi noble
    que toi, Astolphe, et mon épée
    sur le terrain s'en portera garant;
    elle est ma fille, cela suffit.
ASTOLPHE.   Que dis-tu là?
CLOTHALDE.   Qu'avant de la voir mariée,
    noble et honorée,
    je n'ai point voulu révéler
    qui elle était. Cette histoire est fort longue;
    mais je te dis qu'elle est ma fille.
ASTOLPHE.   Puisqu'il en est ainsi je tiendrai ma parole.

SIGISMOND.   Eh bien, pour qu'Etoile
    ne demeure point sans consolation
    en voyant qu'elle perd un Prince
    aussi noble et aussi fameux,
    moi, de ma propre main,
    je lui donnerai un époux
    qui par ses mérites et par sa fortune
    s'il ne le surpasse, l'égale.
    Etoile, donne-moi ta main.
ÉTOILE.   Je gagne à mériter un pareil bonheur!

SIGISMOND.   Quant à Clothalde qui a servi
    fidèlement mon père,
    mes bras ouverts l'attendent,
    et toutes les faveurs qu'il me demandera.
PREMIER SOLDAT.   Si tu honores ainsi qui ne t'a pas servi,
    à moi qui fut la cause
    du soulèvement du royaume
    et qui t'ai fait sortir de la tour
    où tu étais emprisonné,
    que me donneras-tu?

Segismundo. La torre; y porque no salgas
　　　　　della nunca, hasta morir,
　　　　　has de estar allí con guardas;
　　　　　que el traidor no es menester,   3300
　　　　　siendo la traición pasada.
Basilio. Tu ingenio a todos admira.
Astolfo. ¡Qué condición tan mudada!
Rosaura. ¡Qué discreto y qué prudente!
Segismundo. ¿Qué os admira? ¿Qué os espanta,   3305
　　　　　si fue mi maestro un sueño,
　　　　　Y estoy temiendo en mis ansias
　　　　　que he de despertar y hallarme
　　　　　otra vez en mi cerrada
　　　　　prisión? Y cuando no sea,   3310
　　　　　el soñarlo sólo basta;
　　　　　pues así llegué a saber
　　　　　que toda la dicha humana,
　　　　　en fin, pasa como un sueño.
　　　　　y quiero hoy aprovecharla   3315
　　　　　el tiempo que me durare,
　　　　　pidiendo de nuestras faltas
　　　　　perdón, pues de pechos nobles
　　　　　es tan propio el perdonarlas.

SIGISMOND.   La tour précisément; et pour que jamais
   tu n'en sortes jusqu'à ta mort,
   tu y demeureras sous bonne garde;
   après la trahison, plus besoin du traître!

BASYLE.   Ton esprit de tous fait l'admiration.
ASTOLPHE.   Comme son naturel est métamorphosé!
ROSAURE.   Qu'il est sage et prudent!
SIGISMOND.   Qu'y a-t-il là qui vous émerveille
   et qui vous étonne,
   si mon maître fut un songe,
   et que dans l'angoisse je crains
   de m'éveiller et de me trouver
   derechef enfermé au fond de ma prison?
   Quand bien même il n'en serait rien,
   il suffit que ce soit un songe;
   car c'est ainsi que j'ai appris
   que tout le bonheur de ce monde
   à la fin passe comme un songe,
   et je veux en jouir,
   durant le temps qu'il durera,
   demandant pardon de nos fautes,
   car le pardon est bien le propre
   des cœurs nobles et généreux.

NOTES

I. — NOTES CRITIQUES

Abréviations utilisées : voir pp. 52-53.

La numérotation des notes critiques et des notes explicatives correspond à celle des vers du texte espagnol.

Nous ne signalons ici que quelques unes des variantes ou des corrections de Z. et de V. T.

PRIMERA JORNADA

V. 14 : Z. : *esperanza*. — V.T. *aspereza* (au lieu de *cabeza*).

V. 16 : Z. : *que arruga el sol el ceño de su frente.* — V.T. : *que arruga al sol el ceño de su frente.*

V. 58 : V.T. : *al sol.*

V. 78 : y manque dans Z. et V.T.

V. 83 : Z. et V.T. : *huyamos.*

V. 160 : V.T. : *huida* au lieu de *ida*).

V. 286 : V.T. : *o prendedles o matadles.*

V. 290 : Indication scénique : Z. et V.T. : *con una pistola.*

V. 399 : Z. et V.T. : *Esta es la espada que yo.*

V. 448 : *Primera parte : fácil.* — Nous retenons la leçon de Z. et V.T. : *frágil.*

SEGUNDA JORNADA

V. 1329 : V.T. : *hicisteis.*

V. 1347 : V.T. : *de los senos de los montes.*

V. 1496 : V.T. : *pues aunque dar la acción es.*

V. 1546 : *Primera parte : de quién soy y sé quién soy.* — Nous retenons la leçon de Z. et V.T. : *y sé que soy.*

V. 1601 : *Primera parte : ruinas.* — Nous retenons la leçon de Z. et V.T.

V. 1755 : V.T. : *llegasteis.*

V. 1808 : *Primera parte : embarazarame.* — Nous retenons la leçon de V.T. : *embarázame.*

V. 2027 : Z. : *una imagen de la muerte.*
V. 2042 : Ce vers manque dans V.T.
V. 2060 : *Primera parte : ese lotos que bebio.* — Z. : *aquel loto que bebió.*
— Nous retenons la leçon de V.T. : *con el opio...*
V. 2080 : Plusieurs éditeurs modernes, suivant Hartzenbusch, cor-
rigent : *escucharle*, au lieu de : *escucharte.*
V. 2090 : *Primera parte*, Z. et V.T. attribuent ce vers à Clotaldo, et le
v. 2091 à Segismundo. Nous distribuons les répliques selon la
correction proposée par Krenkel et adoptée habituellement par les
éditeurs modernes.
V. 2095 : V.T. : *tardo vuelo.*

TERCERA JORNADA

V. 2239 : V.T. : *y no a príncipe.*
V. 2253 : D'après Z. et V.T. — *Primera parte : mismo.* — De mêmes
aux vers 2339 et 2349.
V. 2257 : V.T. : *perditeis.*
V. 2273 : Z. : *segismundastes.* — V.T. : *segismundeasteis.*
V. 2353 : V.T. : *traxeron.*
V. 2523-2524 : V.T. : *porque si acaso te viese / Astolfo en tu propio traje.*
V. 2654 : D'après V.T. — *Primera parte : Pues has...*
V. 2685 : V.T. : *que en.*
V. 2747 : *Primera parte : Dánae, Cilene y Europa.* Z. : *en Dánae, Leda y
Europa.*
V. 2785 : V.T. : *le nombra.*
V. 3115 : *Primera parte : dos peñas.* — Nous retenons la leçon de V.T. :
las peñas.

II. — NOTES EXPLICATIVES

Abréviations utilisées :

Covar : Tesoro de la lengua castellana o española de S. de Covarrubias, Ed. de M. de Riquer, Barcelona, 1943.

Denis : Lexique du théâtre de J. R. de Alarcón, par Serge Denis, Paris, 1943.

Dicc. Aut. : Diccionario de Autoridades (1726-1739), Ed. facsimile, Madrid, Ed. Gredos, 1963, 3 vol.

Dict. Myth. : Dictionnaire de la Mythologie grecque et romaine, par Pierre Grimal, 4ᵉ édition, Paris, P.U.F., 1969.

Dubois-Lagane : Dictionnaire de la langue française classique, Paris, Belin, 1960.

Oudin : Le trésor des deux langues espagnole et française, par César Oudin. Reproduction fac-similé de l'édition de 1675, Paris, Ed. Hispano-americanas, 1968.

PREMIÈRE JOURNÉE

V. I : *Hipogrifo :* « Hipogrypho : Animal fabuloso, que fingen tener alas, y ser la mitad caballo y la otra mitad grypho. Es voz griega, que significa un animal, en parte caballo y en parte grypho. Tómanle los Poetas por caballo veloz. » *(Dicc. Aut.)* Le mot est *llano* à l'époque ; il fait allusion à l'hippogriffe d'Astolfo dans le *Roland furieux* (II, 18) de l'Arioste. — A propos de l'influence du *Roland furieux* dans la *Comedia* espagnole, Maxime Chevalier écrit : « Calderón, Vélez de Guevara, Rojas Zorrila ne s'intéressent plus aux aventures sentimentales contées par l'Arioste. Ils apprécient les récits féeriques, l'atmosphère magique, les éléments merveilleux qu'ils trouvent plus souvent dans le *Roland amoureux* que dans le *Roland furieux*. Un être fantastique né de l'imagination ariostéenne les a pourtant séduits : le monstrueux hippogriffe qui entre dans l'imagerie poétique de Calderón et de son émule Vélez de Guevara. » *(L'Arioste en Espagne* (1530-1550), Bordeaux, 1966, p. 437.)

V. 10 : *Faetonte :* Phaéton, fils du Soleil ; alors qu'il conduisait dangereusement le char du Soleil, il fut foudroyé par Zeus et précipité dans le fleuve Eridan (Ovide, *Métamorphoses*, II, 19 et suiv.) (Cf. *Dict. Myth.*). Calderón développe ce mythe dans *El hijo del Sol, Faetón.*

V. 35 : *desvelo :* « L'inquiétude en général. » *(Denis,* s.v. *desvelar.)*

V. 38 : *un filósofo decía :* « Procédé de la Comedia invoquant des autorités classiques imaginaires, *un filósofo, un elocuente, un poeta, un discreto, un sabio, un entendido* [...]. Alarcón et Calderón, plus encore peut-être que leurs contemporains, ont abusé du procédé. » *(Denis,* s.v. *filósofo.)*

V. 59 : *artificio :* « Dans son sens etym., habileté de l'ouvrier. » *(Denis.)*

V. 74 : *bulto :* « Bulto. Se dice también de la imagen, efigie o figura hecha de madera, piedra u otra cosa. » *(Dicc. Aut.)*

V. 82. : *Huygamos :* arch. *huyamos.*

V. 103 : *Apurar :* « Métaph. syn. de *Averiguar, Examinar.* » *(Denis.)*

V. 112 : *es haber nacido :* Plutôt qu'une allusion au péché originel, ces réflexions désespérées reprennent, selon Marcel Bataillon, le thème, vulgarisé en Espagne par de nombreux livres et le Sermon d'Erasme, de « la vision pessimiste de l'homme désarmé et nu parmi les autres créatures » (Cf. M. Bataillon, *Erasmo y España*, Fondo de Cultura económica, México-Buenos Aires, 1950, p. 329, n. 5). Voir aussi l'édition de *La vida es Sueño* par Angel L. Cilveti, p. 36, n. 16.

V. 150 : *el centro frío :* la mer. De façon générale le mot *centro* désigne « le centre de la terre et les abîmes » *(Denis).* Le mot est fréquent dans le lexique de Calderón.

V. 164 : *un Etna :* image emphatique fréquente.

V. 170 : *excepción :* « Essentiellement, terme de jurisprudence... Le terme est alors usuel dans la langue poétique... C'était l'un des mots dont Valdés avait souhaité l'introduction dans la langue. » *(Denis.)*

V. 171 : *cristal :* « Terme poétique dont Tirso constate l'abus. » *(Denis).*

V. 227 : *Ojos hidrópicos :* métaphore très fréquente chez Calderón. Cf. Góngora : « No en ti la ambición mora hidrópica de viento. » *(Soledades,* I, 107-108.)

V. 253-262 : Cet apologue est rapporté par Don Juan Manuel, *El conde Lucanor,* Enxemplo X, *De lo que contesció a un home que por pobreza et mengua de otra vianda comía atarmuces.*

V. 286 : *prendeldes, mataldes :* métathèses usuelles : *matadles, prendedles.*

V. 308 : *escándalo del aire :* Cf. Góngora : « El girifalte, escándalo bizarro/del aire... » *(Soledad segunda,* v. 753-754.)

V. 332 : *gigante :* « La légende des Géants est dominée en effet par l'histoire de leur combat contre les dieux et de leur défaite [...] Aussitôt nés, ils menacèrent le ciel, dardant contre lui des arbres enflammés et le lapidant avec d'énormes rochers. » (Ovide, *Métamorphoses,* I, 150 et suiv.) *(Dict. Myth.)*

V. 353 : *entreverado :* « Entreverar. Mezclar o enxerir una cosa entre otra. » (Dicc. Aut.) « Entreverado. Propiamente se dice de las carnes en que está lo magro junto con lo gordo : como la de los puercos, y se reconoce en las lonjas del tocino, en que hay una como lista de carne y otra de gordura. » *(Dicc. Aut.)*

V. 402 : *trujera :* arch. *trajera.*

V. 406 : *en confusión semejante :* « La confusion exprimant l'hésitationn entre plusieurs alternatives est un ressort habituel à la Comédia ; mais chez Calderón beaucoup plus encore qu'ailleurs. » *(Denis.)*

V. 472 : *en duda semejante :* cf. v. 406.

V. 476 : *rayos :* ici, les yeux. « *Rayo :* Emplois métaphoriques très larges en partant de deux idées essentielles : rayon de lumière et rayon de feu (la foudre). » *(Denis.)*

V. 487 : *Aurora :* la personnification de l'Aurore. « Sa légende est tout entière remplie de ses amours. » (Ovide, *Métamorphoses,* XIII, 581 et suiv.) *(Dict. Myth.)*

V. 488 : *Palas :* « Pallas est, généralement, une épithète rituelle de la déesse Athéna, connue très fréquemment sous le nom de Pallas Athéna. « Athéna : Déesse guerrière et déesse de la Raison. (Ovide, *Métamorphoses*, VI, 71 et suiv.) *(Dict. Myth.)*

V. 489 : *Flora :* « Flore est la puissance végétative qui fait fleurir les arbres. Elle préside à tout ce qui fleurit. » (Ovide, *Fastes*, V. 20.) *(Dict. Myth.)*

V. 515 : *Eustorgio tercero :* Ce roi de Pologne n'a jamais existé, pas plus que *Clorilene* (v. 521); ces noms furent sûrement empruntés par Calderón au livre de Enrique Suárez de Mendoza, *Eustorgio y Clorilene, historia moscovita* (1629). Plusieurs souverains russes portèrent le nom de Basyle (v. 533), nom qui signifie étymologiquement Roi.

V. 565 : *bizarría :* « Syn. de *Brío* pour signifier le courage, la vigueur phys. et mor. (de là, grandeur d'âme, magnanimité); il s'entendait aussi bien de l'attitude extérieure, du bel air (port gracieux, grâce..., L'abus en était grand. » *(Denis.)*

V. 580 : Thalès, cosmographe et mathématicien grec (vers 640-vers 547). Euclide vécut sous le règne de Ptolémée Ier (IIIe siècle av. J.-C.).

V. 608 : *Timanthe*, peintre grec, IVe siècle av. J.-C.

V. 609 : *Lysippe*, sculpteur grec, IVe siècle av. J.-C. Toutes ces évocations de l'antiquité sont un procédé emphatique fréquent dans la Comedia *(Denis*, s.v. *Timantes.)*

V. 635 : *en cuadernos de zafiro :* cf. Góngora « en campos de zafiro pace estrellas » *(Soledades*, I, 6). (Cf. *El Mágico prodigioso*, Ed. B. Sesé, Paris, Aubier, 1969, v. 1246).

V. 840 : Calderón semble faire allusion à un passage du *De Clementia* de Sénèque (Liv. I, VIII, 1) : Grave putas eripi loquendi arbitrium regibus, quod humillimi habent. « Istas » inquis « servitus est, non imperium ». Quid ? tu non experiris istud nobilem esse tibi servitutem ?

V. 855 : *a los dos atlantes míos :* Atlante. Voz muy usada de los Poetas, y algunas veces en la prosa, para expresar aquello que real o metaphoricamente se dice sustentar un gran peso; como quando para elogiar la sabiduría de un Ministro, o la valentía de un General se dice que es un Atlante de la Monarquía. » (Dicc. Aut.)

V. 895 : *yo los viso :* Le jeu de mot de Clarín ne paraît pas très clair; Martín de Riquer écrit à ce propos : « Juego de palabras de Clarín, bastante desgraciado, aunque sin duda alguna el verbo « visar » debe tener algún sentido que yo ignoro y que debe dar pie a un chiste con « besar ». Angel L. Cilveti écrit sans plus : *viso :* « endoso ». Clarín déforme peut-être, en l'amputant de la première lettre (ce qui expliquerait les v. 896-897), le verbe *avisar* dans le sens qu'il a en jargon : « *Avisar :* En la Germanía significa mirar con recato, advertir y observar. » *(Dicc. Aut.)* Ou bien peut-être encore joue-t-il sur l'alternance : *beso/piso ?*

V. 920 : *trujiste :* arch. trajiste.

V. 964 : afecto : « ... Le sens est quelquefois celui de *afición*, désignant l'amour... En fait le mot a gardé sa valeur originelle : mouvement de l'âme, sentiments et passions diverses. » *(Denis.)*

DEUXIÈME JOURNÉE

V. 987 : *efetuado* : arch. *efectuado*.

V. 991 : *confecciones* : « Confección. Compuesto de varios simples. » *(Dicc. Aut.)*

V. 1001 : *potencias* : « Por antonomasia se llaman las tres facultades del alma, de conocer, querer y acordarse : que son entendimiento, voluntad y memoria. » *(Dicc. Aut.)* Le mot est très fréquent chez Calderón.

V. 1002 : *argüir* : Sur l'héritage de la scolastique dans la Comedia, et principalement chez Alarcón, Lope de Vega et Calderón, on lira les observations de *Denis* (s.v. *arguir-argumentar.*)

V. 1037 : *asumpto* : arch. *asunto*.

V. 1038 : *águila caudalosa* : C'est le nom d'une variété d'aigle : *águila caudal* ou *águila caudalosa*, aussi appelée *águila real*. « La de pico grueso y encorvado desde la base, plumaje rojizo, con un grupo de plumas blancas en la inserción de la allas, y tarsos enteramente cubiertos de plumas. » *(Dicc. Acad.)* Aigle fauve, aigle doré ou aigle royal.

V. 1047 : *te prefieras* : « Preferir. Valeur etym. mettre en avant. » *(Denis.)*

V. 1090 : *galardón* : « El premio que se da por alguna cosa bien hecha, con franqueza e hidalguía [...] Proverbio : A buen servicio mal galardón. » *(Covar.)* Cf. en français classique : « Guerdon : n.m. Récompense, salaire (usuel au XVIᵉ s., vieilli au début du XVIIᵉ s.) Aucun labeur n'y manque de guerdon. La Fontaine, Le Songe de Vaux, IV. *(Dubois-Lagane.)*

V. 1096-1097 : Remarquer le passage du tutoiement à l'emploi de la forme *vos*. *Vos* s'emploie aussi bien comme traitement de respect que pour s'adresser à un inférieur. (Cf. *Dicc. Aut.* s.v. *vos.*)

V. 1100 : *amenaza* : construit transitivement selon l'usage à l'époque. *(Denis*, s.v. *amenazar.)*

V. 1115 : *talento* : « Metaphoricamente se toma por los dotes de naturaleza, como ingenio, capacidad, prudencia, etc. que resplandecen en alguna persona, y por antonomasia se toma por el entendimiento. » *(Dicc. Aut.)*

V. 1169 : *que barbó de su librea* : « Barbar. Empezar a tener barbas el hombre. » *(Dicc. Aut.)* Martín de Riquer explique ainsi le jeu de mot du valet « Clarín alude al color rojo de las libreas de los alabarderos ; como aquel al que se refiere era rubio, dice el gracioso que « le salieron las barbas del color de su librea. » Cette explication n'exclut peut-être pas l'interprétation que suggérait Louis Dubois : « Nous croyons que cela pourrait signifier : qui abuse de sa livrée pour agir comme s'il avait barbe au menton (alors qu'il n'en a guère, car *rubio* peut donner à entendre qu'il est un blanc-bec, un *boquirrubio*. »

V. 1173 : *ministro de boletas* : le préposé aux billets d'entrée au théâtre. Clarín fait allusion aux fenêtres donnant sur les *corrales* où étaient représentées les *comedias*. C'est peut-être, comme le suggère Martín de Riquer, par association d'idées que Clarín en vient à cette comparaison insolite ; *alabardero* signifie aussi : « cada uno de los que aplauden en los teatros por asistir de balde a ellos o por alguna otra recompensa que reciben de los empresarios o los artistas. *(Dicc. Acad.)* Il semble donc que chacun des deux jeux de mots de Clarín est doublement équivoque.

V. 1180 : *tratante :* « ... el que compra por mayor géneros comestibles, para venderlos por menor. » *(Dicc. Aut.)*

V. 1207 : *naide :* forme populaire pour *nadie* (*Corominas*, III, p. 490, a).

V. 1218-1219 : Dans *En esta vida todo es verdad y todo es mentira* (II), Calderón cite la chanson suivante : « ¡Ay como gime, mas ay como suena / el remo a que nos condena / el niño Amor ! / Clarín que rompe el albor / no suena mejor. »

V. 1241 : *fantasía :* « La segunda de las potencias que se atribuyen al alma sensitiva o racional, que forma las imágenes de las cosas. Es voz griega que vale imaginación. »*(Dicc. Aut.)* En français classique :« Fantaisie : Imagination, esprit. Quand on raconte ce qui s'est passé l'âme jette sa vue sur les images qui lui sont restées en la fantaisie. » (D'Urfé, *Astrée*, II, 199.) *(Dubois-Lagane.)*

V. 1286 : *vencellas :* pour *vencerlas*, assimilation usuelle, souvent nécessaire pour la rime.

V. 1329 : *hicistes :* arch. hicisteis.

V. 1332 : *entremetido :* « Usado como substantivo se llama el que es bullicioso y se mete y entra donde no le llaman, y es de genio desembarazado, y a veces importuno y pesado. » *(Dicc. Aut.)*

V. 1334 : *mequetrefe :* « El hombre entremetido, bullicioso, y de poco provecho. » *(Dicc. Aut.)*

V. 1339 : *agradador :* Ce mot est une invention de Clarín.

V. 1371 : *Grande :* « *El que por su nobleza y merecimiento tiene en España la preeminencia de poderse cubrir delante del Rey. Dásele asiento en la Capilla en banco cubierto con bancal, seguido al taburete del Mayordomo mayor, y en las Cartas y Despachos le trata el rey de Primo. Hay Grandes de primera, segunda y tercera clase, que se distinguen en el modo y tiempo de cubrirse cuando toman la posesión.* » *(Dicc. Aut.)*

V. 1392 et suiv. : Calderón excelle, parfois non sans humour, dans les tirades comme celle-ci, d'une préciosité alambiquée, où s'accumulent les jeux de mots, les allitérations, les répétitions, les traits d'esprits, les métaphores recherchées.

V. 1408 : Le geste de donner ou de se laisser prendre la main pouvait avoir le sens d'une promesse irrévocable de mariage, d'où l'inquiétude d'Astolphe ; ce geste donne lieu, dans la *Comedia* du Siècle d'Or, à de multiples effets dramatiques. (Cf. par exemple : Lope de Vega, *Santiago el Verde*, v. 2377, Ed. de J. Lemartinel, Ch. Minguet et G. Zonana, Paris, Ed. Klincksieck, 1974.)

V. 1430 : *al mar :* Inutile de rechercher ici quelque allusion précise. Calderón, comme tous les dramaturges du Siècle d'Or, prend souvent les plus grandes libertés avec la géographie, tout autant d'ailleurs qu'avec l'histoire. Hartzenbusch, gêné par cette indication, suggérait que le mot *mar* pouvait désigner ici quelque pièce d'eau à proximité du palais royal. Martín de Riquer rappelle que la Pologne eut, à partir de 1577, une ouverture sur la mer par Dantzig, et qu'elle disposa d'une région côtière sur la Baltique après l'annexion de la Livonie en 1582. Le même critique fait observer que, aux vers 2995-2997, Sigismond évoque le coucher de soleil sur la mer.

V. 1467 : *natural :* « Le caractère naturel. » *(Denis).*

V. 1621 : *Respóndate retórico el silencio :* Juan de Mairena, le célèbre apocryphe d'Antonio Machado, commentait ainsi ce vers à ses élèves : « Este verso es de Calderón. No os propongo ningún acertijo. Lo encontraréis en *La vida es sueño.* Pero yo os pregunto : ¿por qué este verso es de Calderón hasta el punto que sería de Calderón aunque Calderón no lo hubiera escrito ? Si pensáis que esta pregunta carece de sentido, poco tenéis que hacer en una clase de Literatura. » (Antonio Machado, *Juan de Mairena*, XXXIV, in *Obras, Poesía y Prosa*, Buenos Aires, Ed. Losada, p. 461.)

V. 1659 : *baldón :* « Offense, outrage. » *(Denis.)*

V. 1700 : *sagrado :* « Metaphoricamente significa cualquiera recurso, o sitio que asegura de algún peligro, aunque no sea lugar sagrado. » *(Dicc. Aut.)*

V. 1706 : *no le ofendas :* « Ofender. Hacer daño a otro fisicamente, hiriéndole o maltratándole. » *(Dicc. Aut.)* En français classique *offenser* avait aussi le sens de *blesser :* Le coup n'avait fait que glisser au-dessous de la mamelle gauche et n'offensait aucune des parties nobles. Le Sage, *Le Diable boiteux*, XV. *(Dubois-Lagane.)*

V. 1745 : *trofeos* « *Trofeo, Despojo*, comme symboles de triomphe, sont termes nobles, d'usage courant. » *(Denis.)*

V. 1754 : *trujistes :* arch. *trajisteis.*

V. 1755 : *llegastis :* forme populaire, *llegasteis.*

V. 1803 : *trujese :* arch. *trajese.*

V. 1805 : *habléle en :* construction fréquente dans la langue classique.

V. 1839 : *un sabio :* voir note v. 38. On retrouve ces mêmes considérations dans *La niña de Gómez Arias* (I) et dans *El gran Príncipe de Fez* (II).

V. 1971 : *en la manga :* Les manches faisaient souvent office de poche.

V. 2041 : *Icaro de poquito :* Icare et Dédale son père enfermés dans le labyrinthe s'enfuirent avec des ailes fabriquées par Dédale. « Mais Icare empli d'orgueil, n'écouta pas les conseils de son père ; il monta dans les airs, si près du soleil que la cire fondit et que l'imprudent fut précipité dans la mer qui depuis s'appela la Mer Icarienne (la mer qui entoure l'île de Samos). » (Ovide, *Métamorphoses*, VIII, 183 et suiv.) *(Dict. Myth.)*

« *De poquito.* Apodo que se da al que es pusilánime, o tiene corta habilidad en lo que maneja. Úsase regularmente en estilo familiar. « Callad que sois ladrones de poquito, / que yo sabré guardarme del garlito. » Moreto, *Entremés de las Brujas.* » *(Dicc. Aut.)*

V. 2089 : *la deshecha :* « Hacer uno la deshecha : Disimular. » *(Dicc. Acad.)*

V. 2182 : *frenesí :* En français classique *frénésie* avait aussi le sens fort de *folie furieuse. (Dubois-Lagane.)*

V. 2187 : *y los sueños sueños son :* Ce thème était fréquent dans la poésie populaire / : « Soñaba yo que tenía / alegre mi corazón ; / mas, a la fe,

madre mía, / que los sueños sueños son. » —« Soñó el autor que
tenía / un bolsón y otro bolsón ; / mas, a la fe, compañía, / que los
sueños, sueños son. » (Cf. E.M. Wilson — J. Sage, *Poesías líricas en
las obras dramáticas de Calderón*, London, Tamesis, 1964, p. 135.)
(Cité par Angel L. Cilveti.)

TROISIÈME JOURNÉE

V. 2209 : *disciplinantes :* « Disciplinante. Llámase frecuentemente así
el que se va azotando para andar con más mortificación las esta-
ciones, y seguir las procesiones en Cuaresma y otros tiempos.
Comúnmente van cubiertos de una túnica blanca, que deja desnudas
las espaldas, las que se hieren o llagan o azotan con un ramal
ordinariamente de hilo, y en la cabeza llevan un capirote blanco, con
el cual cubren la cara. » *(Dicc. Aut.)*
V. 2217-2219 : Calderón répète le même jeu de mots dans *Hombre
pobre todo es trazas :* « ... soy mortal y como y bebo, / porque ya todos
los días / en el filósofo leo / *Ni-comedes*, y a las noches / en el concilio
Niceno » (III) (Cité par Martín de Riquer.)
V. 2220 : Allusion au proverbe « Al bien callar llaman santo. »
V. 2250 : *defeto :* arch. *defecto.*
V. 2267 : *Mas que... :* Sur les diverses valeurs de la locution *mas que*
dans la langue classique, voir *Denis*, s.v. *mas.*
V. 2272 : *fuistis :* forme populaire, *fuisteis.*
V. 2303 : *de bandidos :* « Bandido... por ampliación el que se hace al
monte (por causa de los bandos y enemistades). » *(Dicc. Aut.)* « Pas
plus que *Bandolero, Bandido* n'est nécessairement synonyme de
malfaiteur. » *(Denis.)*
V. 2312 : *pompa :* « Cultisme. Le terme est cher à Calderón. » *(Denis.)*
V. 2336 : *capillos : capullos.*
V. 2363 : *gusto :* « Evoque d'une façon générale tout agrément, plaisir,
désir et satisfaction. » *(Denis.)*
V. 2403 : *blasón :* au sens moral « gloire, titre de gloire, honneur. »
(Denis.)
V. 2410 : *villano :* « Injure suprême. » *(Denis.)*
V. 2442 : *importuna :* « Comme épithète de *Suerte, Fortuna*, l'adj.
importuna est synonyme de *Adverso, Enemigo, Riguroso*, exprimant le
malheur. ...Abus de la rime *Fortuna, Importuna.* » *(Denis.)*
V. 2488 : *Belona :* Bellone, déesse romaine de la guerre. « Elle passe
parfois pour la femme du dieu Mars. On la représente aussi comme la
conductrice de son clar, sous des traits effrayants : elle tient à la main
une torche, ou un glaive, ou une lance. Elle ressemble beaucoup à la
représentation traditionnelle des Furies. » *(Dict. Myth.)*
V. 2491 : *Palas :* voir note v. 488.
V. 2500 : *disfrazada :* « Disfraz. Déguisement ; fréquent comme pro-
cédé scénique... Dames déguisées à la recherche de leur amant...
Tous ces procédés et types ont été imposés par Lope de Vega... »
(Denis.)
V. 2528 : *trazaba :* « La variété des expressions périphrastiques pour
exprimer sensiblement la même idée est infinie. *(Inventar enredos,
Hacer trazas, Hacer enredos, Trazar ardides, Maquinar enredos, Dar*

trazas, Imaginar, Fingir). Procédés commodes par leur souplesse. »
(Denis.)

V. 2533 : *caduco :* Employé pour qualifier une personne ou avec un
nom abstrait ce mot, fait observer *Denis*, revient souvent dans *La
vida es sueño.*

V. 2556 : *la acción :* « Le mot, dit Lope de Vega, était à la mode, et
culto, au début du XVIIe siècle... Calderón plus que tout autre a abusé
de ce mot. » *(Denis.)*

V. 2648 : *medio :* remède. Cf. la locution *Dar un medio*, trouver un
moyen.

V. 2672 : *caballo :* Le thème du cheval est particulièrement fréquent
dans la Comedia, d'où les excuses de Clarín. Le cheval « intervient
fréquemment dans les images comme terme de comparaison ; dans
les clichés poétiques, les morceaux de bravoure et dans certains jeux
de mots. » *(Denis.)*

V. 2689 : Ind. scénique : *vaquero :* « Aplícase regularmente al sayo, u
vestidura de faldas largas, por ser parecido a los que los Pastores
usan. » *(Dicc. Aut.)* « *Sayo vaquero :* Habit tout d'une venue à la
paysanne, une saya de vacher qui a les pans biens longs. » *(Oudin.)*

V. 2696 : *a las flores y a las rosas :* sur cette figure de rhétorique de la
littérature du Siècle d'Or, cf. *El Mágico prodigioso*, Aubier, 1969,
v. 4 et la note explicative correspondante.

V. 2747 : *Danae, Leda y Europa :* Danaé, fille d'Acrisios, roi d'Argos
avait été enfermée par son père dans une chambre souterraine.
« Rien n'empêcha pourtant Danaé d'être séduite. Les uns disent par
son oncle Proetos, les autres par Zeus (et c'est le plus grand nombre)
sous la forme d'une pluie d'or qui tomba, par une fente du toit,
jusque dans le sein de la jeune fille. » (Ovide, *Métamorphoses*, IV,
611 et suiv.) *(Dict. Myth.)* Léda : « La déesse avait essayé de fuir
l'amour du Père des Dieux et s'était métamorphosée en oie, pour lui
échapper. Zeus s'était aussitôt changé en cygne et l'avait étreinte. »
(Dict. Myth.) Europe : « Zeus vit Europe alors qu'elle jouait avec ses
compagnes [...] Enflammé d'amour pour sa beauté, il se transforma
en un taureau d'une éclatante blancheur, aux cornes semblables à un
croissant de lune [..] Zeus s'unit à la jeune fille, sous des platanes,
qui en mémoire de ces amours, gardèrent le privilège de ne jamais
perdre leurs feuilles. » (Ovide, *Métamorphoses*, II, 836 et suiv.) *(Dict.
Myth.)*

V. 2761 : *hasta la espada :* Calderón fait allusion au *romance de Eneas y
Dido* du *Romancero General :* « Mientras se quejaba Dido, / la flota
tanto se aleja, / que apenas entre las olas / pudo discernir las velas / ...
Miraba una rica espada, / que del fugitivo fuera, / y tomándola en sus
manos / vuelve a repetir la pena... » / « ¡Oh dulces, mientras Dios
quiso, / cuanto agora amargas prendas, / vos gozareis de mi vida, /
pues del alma triunfa Eneas! » / / « ¡Oh dura Troya, fermentida
Elena, / primeras ocasiones de mi pena! » (Cité par Martín de
Riquer.)

V. 2819 : *la salva :* « Hacer la salva. Phrase que además del sentido
recto, significa brindar, y mover al gusto y alegría. » *(Dicc. Aut.)*

V. 3016 : *enigmas :* A l'époque *enigma* est indifféremment masculin ou
féminin.

V. 3023 : *brujuleando :* « *Brujulear :* terme de jeu : guetter, épier, *brujula* désignant la marque qui se trouve au haut de chaque carte et permet d'en connaître la couleur. L'adversaire l'épie. » *(Denis.)*

V. 3025-3026 : *figura, pasante, quinola :* termes de jeux de cartes.

V. 3041 : *cierra : cerrar,* attaquer, comme dans le cri de guerre : *¡Santiago y cierra España!*

V. 3051 : *que de nada se dolía :* Allusion au célèbre *romance :* « Mira Nero, de Tarpeya / a Roma como se ardía ; / gritos dan niños y viejos, / y él de nada se dolía. »

V. 3059 : *dos higas :* « Higa. Se llama también la acción que se hace con la mano cerrado el puño, mostrando el dedo pulgar por entre el dedo índice y el de en medio, con la cual se señalaba a las personas infames y torpes, o se hacía burla y desprecio de ellas. También se usaba contra el aojo. » *(Dicc. Aut.)*

V. 3129 : *aborto :* le mot et l'image sont très fréquents chez Calderón.

V. 3149 : *nieve :* métaphore usuelle.

V. 3152 : *decoro :* « l'honneur, et dans cet emploi syn. de *Opinión.* » *(Denis.)*

V. 3197 : *Golfos de agua :* « Golfo. Un golfe et par ext. la mer. Intensif, évoque une mer profonde. » *(Denis.)*

TABLE

PUBLICATIONS NOUVELLES

ANSELME DE CANTORBERY
Proslogion (717).

ARISTOTE
De l'âme (711).

ASTURIAS
Une certaine mulâtresse (676).

BALZAC
Un début dans la vie (613). Le Colonel Chabert (734). La Recherche de l'absolu (755). Le Cousin Pons (779). La Rabouilleuse (821). César Birotteau (854).

BARBEY D'AUREVILLY
Un prêtre marié (740).

BICHAT
Recherches physiologiques sur la vie et la mort (808).

CALDERON
La Vie est un songe (693).

CHRÉTIEN DE TROYES
Le Chevalier au lion (569). Lancelot ou le chevalier à la charrette (556).

CONDORCET
Cinq mémoires sur l'instruction publique (783).

CONFUCIUS
Entretiens (799).

CONRAD
Typhon (796).

CREBILLON
La Nuit et le moment (736).Le Sopha (846).

DA PONTE
Don Juan (939). Les Noces de Figaro (941). Cosi fan tutte (942).

DANTE
L'Enfer (725). Le Purgatoire (724). Le Paradis (726).

DARWIN
L'Origine des espèces (685).

DOSTOÏEVSKI
L'Eternel Mari (610). Notes d'un souterrain (683). Le Joueur (866).

DUMAS
Les Bords du Rhin (592). La Reine Margot (798). La Dame de Monsoreau (850 et 851).

ESOPE
Fables (721).

FITZGERALD
Absolution. Premier mai. Retour à Babylone (695).

GENEVOIX
Rémi des Rauches (745).

GRADUS PHILOSOPHIQUE (773).

HAWTHORNE
Le Manteau de Lady Eléonore et autres contes (681). La maison aux sept pignons (585).

HUGO
Les Contemplations (843)

HUME
Les Passions. Traité sur la nature humaine, livre II - Dissertation sur les passions (557). La Morale. Traité de la nature humaine, livre III (702). L'Entendement. Traité de la nature humaine, livre I et appendice (701).

IBSEN
Une maison de poupée (792). Peer Gynt (805).

JEAN DE LA CROIX
Poésies (719).

JOYCE
Gens de Dublin (709).

KAFKA
Dans la colonie pénitentiaire et autres nouvelles (564). Un Jeûneur (730).

KANT
Vers la paix perpétuelle. Que signifie s'orienter dans la pensée. Qu'est-ce que les Lumières ? (573). Anthropologie (665). Métaphysique des mœurs (715 et 716). Théorie et pratique (689).

KIPLING
Le Premier Livre de la jungle (747). Le Second Livre de la jungle (748).

LA FONTAINE
Fables (781).

GF — TEXTE INTÉGRAL — GF

96/07/54451-VII-1996 — Impr. MAURY Eurolivres SA, 45300 Manchecourt.
N° d'édition FG069308. — Mai 1992. — Printed in France.